Ils n'ont pas eu leur nom gravé dans le marbre.
Pas de lettres d'or, pas de cérémonie.
Ils ont risqué leur vie pour me sauver
et l'ont fait sans le dire.
Parce que ne pas le faire était inconcevable
et le dire, à leurs yeux, inutile.
C'est à eux,
Cornélia Kloppenburg et Leendert Mostard,
que je veux dédier ce texte.
Dans la tradition talmudique,
ce sont des Justes :
Leur attachement aux obligations
morales universelles les rend dignes de
respect dans le monde de l'au-delà.

Micha König dédie également ce livre à ses enfants,
Daniel, Ruben, Jochaï, David, Jonathan et Corélie,
ainsi qu'à ses petits enfants Tehilla, Tsag, Dor,
Nathan, Mona et à ceux qui viendront encore
et qui lui donnent l'envie de revivre.

J'ai été obligé de me cacher
tellement souvent que, lorsque
je décidai moi-même de le faire,
ce fut une forme de liberté.

Michael Marcu Arjeh König

Prologue

Une sortie d'autoroute. Un rond-point, une gare. Une rue qui traverse un village dont on ne garde pas le souvenir, si l'on ne fait que passer.

D'un côté, le bar-tabac-pmu, la boulangerie, la boucherie, et en face, quatre ou cinq maisons mitoyennes, à peu près identiques, construites au début du siècle dernier, qui s'ouvrent à l'arrière sur des jardins d'alluvions, anciennes terrasses du fleuve. Au-delà, la nature s'évade. Peupliers, saules des bords de Loire.

C'est là, devant l'une de ces maisons jumelles, que j'arrive à dix heures précises. Nous avons rendez-vous. Je devine sa silhouette dans l'encadrement de la porte. Déjà je pressens son sourire calme. Micha est un homme qui prend aujourd'hui le temps de penser au geste qu'il fait, à la parole et à l'expression qui l'accompagnent. Il m'embrasse en posant bien ses mains sur mes épaules, me regarde vraiment et me dit, avec cette belle voix grave qui résonne longtemps après que le mot juste a été prononcé et qui fait doucement rouler les *r* : « Je suis content de te voir, j'ai pensé à toi, à notre projet. Est-ce que tu vas bien ? » Son élocution est lente et réfléchie, comme souvent celle des gens qui ne s'expriment pas dans leur langue maternelle. Coutumier du silence qui accompagne la lecture et la prière, de la concentration qui sied à l'étude, il choisit ses mots avec nuance et application, cherche le bon terme, dans la langue qui lui vient en premier : néerlandais, anglais, hébreu, allemand, yiddish parfois... Après plusieurs heures passées avec lui, j'ai appris à m'approcher au plus près du mot qui traduit sa pensée. Quand, ensemble, nous parvenons à trouver le terme exact, une lueur très vive s'allume dans son regard, que je reconnais entre toutes, accompagnée d'un large sourire et d'un profond soupir de soulagement. Nous nous asseyons dans une pièce qui fait office de bureau, autour d'une table couverte de livres. Partout des livres. Sur les commodes, les étagères, les chaises. Des bibles traduites par différents auteurs, dans différentes langues ; des anthologies, des dictionnaires, des essais, des livres de prière, des revues, des romans… Des livres qu'il veut me prêter, dont il me demande si je les ai lus, des livres qui viennent juste de paraître, des livres qui viennent de loin, d'autres vies ou d'autres périodes de sa vie, longtemps avant celle de ce village. Dans la chambre entr'aperçue, le grand écran plat de la télévision, un vélo d'intérieur, un large bureau devant la fenêtre exposée au levant, où règne un fouillis de papiers, de courriers, de journaux, autour de son Ipad.

Sur les meubles, accrochées aux murs, décrochées pour les poser ailleurs, les regarder de près pour mieux se souvenir : des photos. Famille d'hier et d'aujourd'hui, êtres chers qui se coulent dans ses pensées. Aujourd'hui ce sera son grand-oncle, sa mère ; sourires qu'il a placés là, doucement, près de lui, à contempler. Et demain, ce sera tel fils, telle fille, tel cousin, telle compagne… Comme un paysage changeant, ils peuplent l'horizon de cette pièce où Micha lit, médite, oublie ou se souvient.

Roland et moi avions rencontré Micha trois ans auparavant. Avec un couple de très bons amis, nous recherchions un professeur d'hébreu pour préparer nos enfants à leur bar mitzvah. Nous eûmes la surprise d'apprendre qu'un rabbin néerlandais vivait là, près de chez nous et qu'il serait très heureux de leur enseigner l'aleph et le beth du judaïsme. Nous sommes allés le voir, dans ce petit village des bords de Loire, où il s'était installé après mille détours que la vie lui avait réservés. Je me souviens de cette première rencontre. Le temps était bleu et la Loire roulait, puissante, proche de la crue. Vêtu d'un pantalon de velours confortable, d'un grand gilet de laine, la peau hâlée par les promenades au bord du fleuve et le regard altier, qu'un grand front couronné de cheveux presque blancs mettait en valeur, il nous attendait sur le seuil de sa porte, avec un chowchow au poil fauve piétinant lourdement à ses côtés.

Pendant près de deux ans, presque chaque dimanche, en fin de matinée, nous sommes allés nous asseoir avec lui autour d'une grande table ovale. Il nous apprenait à lire l'hébreu, nous entraînait dans d'intéressantes discussions destinées à guider nos enfants et nous-mêmes dans la compréhension du judaïsme. Avec plaisir, bonne humeur et bienveillance, fort d'une autorité naturelle, de son charisme et de son érudition, encouragé par le respect que nous avions pour lui, il nous poussait à l'étude avec ce que nous avions convenu d'appeler sa « douce tyrannie ». Pour nous, la présence de Micha, rabbin venu des Pays-Bas dans ce petit village de France était une sorte de miracle.

Il parlait peu de lui, plus volontiers de ses enfants, de sa « mère de guerre », de sa « mère de sang ». Il nous laissait nous approcher de son passé par petites touches. Il disait qu'il était un peu sauvage, qu'il aimait lire, faire des promenades dans les bois, avec son chien, qu'il avait eu plusieurs vies, plusieurs femmes, plusieurs enfants. Qu'il avait fait du bien mais qu'il avait aussi commis des erreurs, provoqué des déchirures, et qu'il essayait aujourd'hui de comprendre pourquoi. Il disait que depuis son accident de voiture à Vienne, qui l'avait laissé dans le coma plusieurs jours, il souffrait de vertiges, mais avait retrouvé certains souvenirs dont il avait perdu la trace et qui, depuis le choc, s'étaient frayés un nouveau chemin dans sa mémoire.

Ses propres enfants s'intéressaient à sa prime jeunesse. Ils avaient même enregistré ses récits et sa fille Corélie avait retranscrit les événements des trois années essentielles, 1943, 1944 et 1945, qui allaient déterminer toute sa vie d'adulte. Tout était dit là, dans ces quelques pages de notes qu'elle avait prises et qu'il me fit lire. Mais il voulait aller plus loin. Il voulait avant tout rendre hommage à Tante Cor et Ome Leen qui l'avaient sauvé, et aussi garder la mémoire des disparus. Il ne savait pas comment faire, il voulait bien parler, raconter. Je lui proposai d'écrire avec lui, pour lui. Il lui faudrait simplement dire, détailler, répéter, approfondir, retrouver cette famille originaire de Bucovine et surtout, se couler à nouveau dans la peau de ce très jeune enfant. C'est ce que nous avons tenté de faire, durant de longues heures.

« Je suis content de te voir, j'ai pensé à toi, à notre projet. Est-ce que tu vas bien ? » Les mots de bienvenue, les mots du temps qu'il fait, les nouvelles de nos familles, les événements du monde, entendus le matin même à la radio. Un café, des biscuits, un jus de pomme. Moments rituels de transition avant de nous mettre au travail, dans la pièce pleine de livres et de photos, qui fait office de bureau, dans la maison qu'il habite à présent, dans ce village à la sortie de l'autoroute, dont on ne garde pas le souvenir...

Tonie, Braandel et Batja

Quand tu écriras ce que je te raconte, me dit Micha, je voudrais que tu insistes sur ce jour de promenade. Il ne s'agit pas encore d'un souvenir réel, mais ma mère, Braandel, me l'a répété si souvent que j'ai le sentiment profond de me le rappeler. J'avais deux ans et demi, et à cet âge-là, un enfant ne garde pas la mémoire consciente d'un fait, d'un acte, d'un quelconque événement. Peu importe ! C'est ce moment particulier que je veux évoquer, cette image imprimée en moi par le récit fréquent que m'en faisait ma mère, avec une profonde gravité, décrivant l'atmosphère et la lumière de cet après-midi d'automne qui laisserait en elle un inextinguible remords.

Ma mère et sa sœur Tonie nous avaient amenés dans un parc, à Amsterdam, près de Stadiumkade, au bord d'un canal. Il y avait des cygnes. Mes cousins, Arthur et Bram, jeunes adolescents s'amusaient à me faire rire, à me faire sauter dans leurs bras.

Nos mères ne parlaient pas fort. Il fallait être tellement prudent, quand on parlait dans un lieu public, à cette époque. Se promener dans un parc était interdit. Tant de choses étaient déjà interdites. Les plus banales, quotidiennes, traverser un jardin, faire du vélo, rouler en voiture, faire les courses dans un magasin, aller au travail, marcher dans la rue, aller à l'école, au lycée, à la plage, à la piscine, au cinéma, entrer dans un café…

Le port de l'étoile n'était pas encore obligatoire, il ne l'a été qu'en mai 1942, mais les hommes du NSB[1], le parti néerlandais pronazi, étaient partout et les Allemands interpellaient les passants, dans les rues, les squares, sous les porches…

Elles ne parlaient pas fort. Vu comme ça, deux mères traversaient le parc, simplement, avec leurs enfants et rentraient chez elles.

Je sais aujourd'hui qu'il était question de décider, dans cette conversation infiniment prudente à voix basse, s'il valait mieux quitter l'Europe, ou alors rester ici, cachés, dans ce petit pays envahi par les Allemands, qua-

---

1 Nationaal-Socialistische Beweging

drillé par la police hollandaise, où les Juifs n'avaient plus aucun droit.

Comment ma mère et ma tante s'étaient-elles retrouvées avec nous, leurs enfants, dans ce parc ? Au mépris de quels risques ? Pour parler, dans l'urgence, malgré les interdits, en ce début d'automne 1941, de la meilleure décision à prendre, celle qui pourrait nous sauver tous.

Jaap Frank, le mari de ma tante Tonie, voulait quitter les Pays-Bas depuis longtemps déjà, pour aller en Palestine. Il avait inscrit toute la famille sur une liste, avec d'autres candidats au départ. Il voulait partir, coûte que coûte, avec sa femme et ses enfants. Et ils partiraient !

Mes parents ne pouvaient pas envisager de les accompagner, car mon père était malade des poumons et la chaleur de Palestine, où il se rendait souvent au début des années trente avait déjà failli lui être fatale. À ce moment-là, ils vivaient déjà cachés chez des paysans, dans le Noord-Brabant, près d'Oss. Ils ne venaient plus à Amsterdam que lorsque c'était absolument indispensable, pour soutenir la communauté ou pour consulter un médecin. Cette fois, Braandel était venue spécialement voir sa sœur pour la persuader de rester près d'elle, de se cacher. Elle était extrêmement inquiète parce que les listes de Juifs candidats au départ en Palestine risquaient à tout moment de tomber entre les mains du NSB. Que se passerait-il alors ? Ils les trouveraient sans aucune difficulté, les conduiraient dans le ghetto, ou à Westerbork, comme des étrangers, puis ils les enverraient à l'Est, ou en Allemagne, dans des camps de travail. On entendait tellement de rumeurs…

Braandel et Tonie ne pouvaient même plus écrire à leur soeur aînée Batja, qui avait fait son *alyah*[2] en 1935. Batja ne pouvait pas imaginer réellement ce qui se passait ici, quand elle pressait sa jeune sœur Tonie de venir la rejoindre au plus vite ! Elle vivait à présent au kibboutz En Harod avec son mari, Ouri Heumann, un artiste, peintre, sculpteur ! Ils avaient d'abord habité à Tel-Aviv avec les parents d'Ouri, puis s'étaient installés dans ce kibboutz, au nord du pays, près de Nazareth et du lac de Tibériade.

---

2 *Alyah* est un mot hébreu qui signifie littéralement élévation spirituelle. Il désigne aussi l'acte d'immigrer en Terre sainte (Eretz Israël).

Depuis longtemps, elle attendait que Tonie se décide à quitter les Pays-Bas pour venir la rejoindre. Tonie gardait toujours sur elle la dernière lettre de Batja, reçue au printemps 1940. Les deux sœurs l'avaient lue et relue, elles la connaissaient par cœur, comme un chant d'espoir. Cette lettre a disparu, bien sûr. Mais Batja raconta plus tard, après la guerre, ce qu'elle avait écrit dans cette dernière lettre qui avait pu leur parvenir.

La dernière lettre de Batja

Tonie, Braandel, cher tous,

Les nouvelles qui arrivent d'Europe sont tellement mauvaises ! On dit qu'aux Pays-Bas, tout espoir s'est envolé depuis la capitulation... Venez vite ! Je garde l'espoir de vous voir bientôt. Le petit bougainvillier que j'ai planté aura des fleurs pour votre arrivée. Malgré l'usage parcimonieux que nous devons faire de l'eau, je l'arrose un petit peu tous les soirs en pensant à vous. Je prie pour que cela ne soit pas un rêve. Merci pour les photos des enfants. Ils sont magnifiques. Je trouve que Micha ressemble déjà à son père !

Je suis sûre que vous aimerez En Harod. J'avais visité le kibboutz il y a quatre ans, quand nous sommes arrivés. Si tu savais comme il a changé, aujourd'hui ! Il n'y a presque plus de tentes, mais des maisons de pierre avec des toits de tuile. Si tu voyais les orangers, plus bas, dans la vallée du Jezréel ! Et les céréales qui ont gagné sur le désert. Je suis étonnée et heureuse de m'habituer si vite à ce pays, finalement, mais tout le monde ne peut pas en dire autant. Tu te rends compte, hier, nous avons mangé de la pastèque !

Ouri s'est remis à sculpter. Le bois mort ne manque pas ici, car il a fallu arracher les plantations de figuiers à cause d'une maladie. Il aime bien travailler ce bois et il sculpte de petites figurines qu'il expose au foyer de l'art, dont je t'ai parlé dans ma dernière lettre. Il y a beaucoup de visiteurs étrangers au kibboutz et ils aiment bien acheter ces petites sculptures, souvenir qui ne prend pas de place dans leur bagage et qu'ils pourront garder longtemps ou offrir à leurs amis. Ouri n'en revient pas ! Sinon, il est livreur, pour la coopérative. Il charge les légumes et les emporte aux magasins généraux du port, à Tel-Aviv, et revient avec les provisions que nous n'avons pas ici. Chacun lui passe des commandes : du tissu, du savon, des chaussures… C'est mieux pour lui que d'éplucher les pommes de terre à la cuisine. En plus, il ne s'entendait plus du tout avec Eva, qui critique toujours tout et tout le monde et qui lui faisait des avances, sans se gêner le moins du monde devant les autres et même devant moi ! Sa tête est encore à Botasani et elle refuse de regarder l'avenir, alors que tout a changé. Elle refuse aussi d'apprendre l'hébreu. C'est moi, à présent, qui la rejoins à la cuisine dès sept heures, le matin. J'ai demandé à ne plus aller aux champs quelque temps et je me sens moins fatiguée. Il fait une telle chaleur! Pourtant, les enfants poussent avec plus de vigueur que les orangers ! Ceux qui sont nés ici s'acclimatent bien mieux que nous. Ils n'aiment pas que je leur parle notre langue et se moquent de moi quand je fais des fautes en hébreu (j'en fais beaucoup, encore, même si cette langue est facile à apprendre, paraît-il !). Hier soir, ils sont rentrés en courant, toute une troupe, excités parce qu'ils avaient trouvé, près du puits, une mue de serpent. J'aide aussi à l'école. Je m'entends très bien avec l'éducatrice, Stefa, une Polonaise qui a travaillé avec ce grand pédiatre connu en Pologne, Janusz Korczak. Il est déjà venu ici, pour organiser l'école et nous conseiller pour l'éducation. Il reviendra peut-être, définitivement cette fois, nous a dit Stefa. Elle comprend si bien les enfants. Il y en a plus de quatre-vingts à présent.

La mère d'Ouri souffre de rhumatismes, car l'air de cette vallée reste humide en hiver. Nous avons eu une invasion de punaises. J'ai toujours peur des Arabes avec lesquels nous partageons deux puits. Les tensions restent fortes et nous avons organisé notre propre défense.

Je pense à vous ! Nos verts paysages me manquent, quelquefois. Je vous attends. Il y a plusieurs possibilités pour vous loger à Tel-Aviv ou à Haïfa dans un premier temps, parce que vous ne pourrez pas venir nous rejoindre tout de suite à En Harod. Surtout, pour le voyage, n'oubliez pas ce que je vous ai dit : je n'ai jamais eu aussi froid que dans ce bateau, la nuit ! Prenez des couvertures et des vêtements chauds !

Je vous aime tant et j'ai tellement hâte de vous guider autant que je peux en Eretz Israël. J'embrasse toute la famille très affectueusement.

Batja

Depuis cette date, plus aucune lettre ne leur était parvenue, et celles qu'elles envoyaient revenaient avec le tampon *Returned to sender by the censor*. Elles obtenaient quelques nouvelles grâce à l'émissaire d'une organisation de l'Agence juive. Dorénavant, Braandel et Tonie refusaient d'écrire, pour ne mettre en danger personne.

Oom Marco Cohn

Pour que tu comprennes bien d'où je viens, d'où vient ma famille, je dois te parler d'Oom[3] Marco Cohn, mon grand-oncle, le frère de mon grand-père maternel, car c'est un personnage clé, comme on en trouve souvent dans les familles, un bousculeur de destin, attachant, audacieux, plus aventurier que les autres. Il a joué un rôle essentiel dans la vie de ma mère et par ricochet, dans la mienne.

J'ai plusieurs photos de lui.

Regarde celle-ci, il me tient par la main. Je dois avoir trois ans, lui soixante de plus ! Pour moi, c'est un géant, cet homme si élégant, en costume trois pièces, pochette, cravate et panama, qui fume un gros cigare ! Il me toise gentiment ; il doit être en train de me parler car je lève très haut la tête vers

---

3 Oom : oncle, en néerlandais.

lui. J'aime cette photo où la diagonale de nos regards qui se croisent est soulignée par une longue pousse de rosier grimpant, comme un tuteur qui conduit l'enfant à l'adulte.

La famille de ma mère était roumaine. De Botosani, un village du nord-est des Carpates, en Bucovine, dans ce coin du monde où les frontières étaient tellement instables au dix-neuvième siècle. C'était l'Empire austro-hongrois. Du moins, jusqu'à la première Guerre mondiale, puisque la Roumanie s'est battue aux côtés des Alliés en 1916.

Oom Marco avait quitté la Bucovine contraint et forcé, dans des conditions rocambolesques à l'âge de vingt ans, en 1900.

Depuis des siècles, des immigrants s'installaient dans cette région. Un vrai mélange. Au seizième siècle, déjà, des Juifs ashkénazes[4] étaient arrivés de Pologne, de Lituanie, puis de Galicie, de Russie, et des séfarades[5], de Turquie.

Ils se regroupaient en petites bourgades et, dans cette société chrétienne, orthodoxe ou protestante, essentiellement agricole, ils faisaient commerce de céréales, de laine, de

---

4 Juifs originaires d'Europe centrale.

5 Juifs originaires des pays de la Méditerranée.

miel. Comme ils n'étaient pas propriétaires de la terre, ils devenaient tailleurs, fourreurs, épiciers, banquiers… Leur rôle économique grandit, mais en même temps, le nationalisme roumain se développa à la fin du dix-neuvième siècle, avec son escorte de xénophobie et d'antisémitisme, dans ces villages très peuplés où les paysans n'avaient pas assez de terres à cultiver et payaient trop d'impôts à l'empire ! De plus, tous les hommes jeunes, quelle que soit leur classe sociale ou leur religion, étaient obligés de servir trois ans dans l'armée autrichienne, quand ils auraient pu aider leur famille ou faire des études… Beaucoup s'en allaient, fuyaient cette région pour émigrer au Canada, où des terres étaient offertes, ou aux États-Unis, tenter leur chance.

Marco allait devenir l'un d'eux.

Il avait vingt ans. Il était baraqué, fougueux, bagarreur. Alors qu'il servait dans l'armée, un sergent antisémite l'avait provoqué. Il avait riposté et l'avait giflé ! Il risquait très gros pour ce geste impulsif, à tel point qu'il ne lui restait plus qu'à faire son balluchon et s'enfuir le plus vite possible, vers le nord de l'Europe, en train, à travers l'Ukraine, la Pologne, l'Allemagne… Il alla jusqu'à Hambourg où il prit le bateau pour Rotterdam. De là, la *Holland America Line* devait le conduire à New York où il resterait peut-être, ou bien il partirait plus loin, vers Montréal.

Il avait toujours pris grand soin de ses affaires et il aimait nous raconter cette anecdote qui allait bouleverser ses plans, sa vie. Il était à Rotterdam. Il devait attendre un jour ou deux avant d'embarquer. Il avait profité de ce délai pour donner son unique costume à nettoyer. Or, deux heures avant le départ du bateau, le costume n'était pas prêt ! Contraint d'attendre le prochain bateau, il était resté là quelques jours, à la découverte de ce port qui était alors l'un des plus modernes du monde, en grillant quelques économies.

Il adorait fumer le cigare. Betsie en vendait, dans une petite boutique, spécialisée dans les cigares, les Hollandse sigaren, près des docks. C'est ainsi qu'il l'avait rencontrée. Il était tombé amoureux d'elle sur-le-champ, et elle aussi, sûrement, puisqu'il ne prit pas le bateau, ne partit jamais en Amérique. Ils se marièrent, quelque temps plus tard, à Rotterdam.

À ce moment-là, démarra pour Oom Marco une nouvelle vie. Créatif, entreprenant, il se lança dans le seul négoce qu'il connût un peu, car dans son village en Roumanie, ses parents en faisaient le commerce de détail : le vin. Il dessina un flacon, s'associa à un spécialiste des liqueurs qui mit au point divers mélanges à base de quinquina et de genièvre, d'orge, de seigle et de maïs. Les vertus médicinales des plantes étaient à la mode à l'époque. Son entreprise de spiritueux prospéra. Dans les années 1910, il fit construire une usine à Schiedam, près de Rotterdam, pour distiller et mettre en bouteille le *Kinawijn*. Son affaire se développa très vite. Il vendait ses spiritueux à travers toute l'Europe, et même aux États-Unis. C'était un homme d'affaires. Il fit fortune en achetant des terres, des fermes, des immeubles et put certainement acquérir d'autres valeurs aux Pays-Bas.

Revint-il souvent dans son village natal, à Botosani ? Je ne sais pas. Mais en 1912 – il avait alors trente-deux ans – il s'y rendit avec sa femme Betsie.

Sur les photos et dans mon souvenir, Oom Marco est toujours élégant, souriant, opulent. Il respire la réussite, avec Betsie, toujours bien apprêtée à ses côtés. Pour la famille restée à Botosani, c'était l'oncle d'Amérique... et comme les oncles d'Amérique, il était généreux.

Ma mère, sa nièce, était âgée de quatre ans, quand il revint dans son village natal, en 1912. Elle avait six frères et sœurs. Mes grands-parents maternels avaient très peu d'argent. Alors, quand Oom Marco et Betsie, qui n'avaient pas d'enfants après dix ans de mariage, leur proposèrent d'adopter la petite Braandel, dont on dira toute sa vie qu'elle avait un beau visage, et de l'emmener avec eux à Rotterdam, ils acceptèrent.

C'était comme ça !

C'est ainsi que ma mère, très jeune enfant, entreprit le grand voyage vers les Pays-Bas, pour vivre avec son oncle Marco et sa femme, tante Betsie. Elle les connaissait à peine.

Elle ne m'a jamais beaucoup parlé de cette séparation ni de ce voyage. Oma[6], sa propre mère non plus d'ailleurs. Plus tard, bien après la guerre, les parents de ma mère vinrent vivre chez nous, à Amsterdam et c'est là que ma grand-mère est morte, blottie comme un petit oiseau fragile, dans le lit de sa fille, dans une intime et ultime commu-

---

6 Oma : grand-mère, en néerlandais.

nion avec celle qu'elle avait laissée quitter la maison et le village familial si jeune, si loin et si longtemps.

Ma mère était secrète et ne s'épanchait pas. Avait-elle souffert d'être séparée de sa propre mère ? S'était-elle seulement posé la question ?

C'était comme ça !

Je peux seulement dire aujourd'hui qu'Oom Marco était tout pour elle, depuis qu'il était venu la chercher à Botosani. Je ne me souviens pas des relations qu'elle avait avec son père.

Cela ressemble un peu à un conte, mais c'est l'histoire de ma mère Braandel, adoptée à l'âge de quatre ans par un oncle riche qui l'emporta sous son aile, de son village de Bucovine aux Pays-Bas et qui fit en sorte qu'elle ne manquât jamais de rien. Qui la protégea dans les pires circonstances. Elle et sa famille.

Micha s'interrompt. Il se lève pour aller chercher un album de photos, souvenirs embués sous le papier de soie. Penché sur les grandes pages jaunies, il cherche. Le papier crisse sous ses doigts lorsqu'il tourne les pages, délicatement.

La voilà, me dit-il en pointant le doigt vers une photo, regarde comme ma mère avait un beau visage !

Sur le cliché, une fillette nous regarde. Elle doit avoir dix ans. Dans une pose très sage, elle a les doigts croisés au niveau du menton, juste sous la joue droite, comme si elle voulait mettre en valeur la montre en or qu'elle porte au poignet gauche. Sur sa chemise de dentelle blanche flottent de longs cheveux châtains retenus sur le haut de la tête par un large ruban noué, bleu ciel. Un léger sourire hésite entre sagesse et espièglerie.

Un beau visage.

De mariage en naissance, de portraits en paysage, du noir et blanc à la couleur, Micha tourne encore les pages. Et celle-là, regarde ! Mais qui est cet enfant ? Et là, tu vois, c'est ma tante Batja avec Ouri ! Quel bel homme ! Et là ? Ah oui, je me souviens ! C'était à La Haye, juste après la guerre…

Ensemble, nous feuilletons le siècle un moment.

Mon père avait vu le jour en 1904, à quelques kilomètres de Botosani, à Sucaeva. Ses parents tenaient un bistrot-épicerie, comme il y en avait tant dans ces bourgades rurales. Mon grand-père paternel avait d'abord travaillé chez des paysans en économisant pour acheter ce bistrot. Ils n'étaient pas riches, eux non plus, mais ils avaient plus de ressources que mes grands-parents maternels et seulement cinq enfants, si l'on peut dire !

Ma grand-mère paternelle était le véritable chef de la famille, le guide qui poussait ses enfants vers d'autres lendemains. Pour elle, leur réussite à l'école et dans les études supérieures était primordiale. Elle était prête à tout leur sacrifier. C'est ainsi que Léa, une des sœurs de mon père, partit en Allemagne étudier la médecine et que mon père, Moshe Ascher Lemele König – on l'appelait simplement Lemele, dans la vie – s'en alla à son tour à Francfort, où il devint docteur en philosophie et rabbin à l'âge de vingt-quatre ans. Plus tard, après la guerre, il continua des études d'avocat à Amsterdam. Il respectait toutes les traditions et les fêtes religieuses, mais c'était avant tout un philosophe. Un philosophe qui aimait les autres et s'y s'intéressait. Il me parlait toujours du judaïsme comme d'une religion qui invite à la raison, qui a confiance dans l'intelligence humaine, qui prône l'amour du prochain et le respect des commandements.

Mais alors qu'il avait à peine eu le temps de me lire quelques prières et de me raconter quelques histoires de la sagesse juive, je me suis retrouvé immergé dans un foyer protestant, entre 1943 et 1946. Ma « mère de guerre » était croyante, pratiquante et très tolérante elle aussi. J'ai donc partagé très tôt, très jeune, deux religions, dans deux foyers où elles étaient vraiment pratiquées, sans être imposées ni dictées, chacune dans ce qu'elles ont de meilleur. Les liens que j'ai gardés avec le protestantisme jusqu'à l'âge adulte m'ont conduit à porter un regard différent sur l'orthodoxie juive, à prendre une distance avec elle et à m'orienter vers un chemin plus libéral, lorsqu'à mon tour je devins rabbin. Mais cela est une autre histoire.

Mes parents, Braandel et Lemele, s'étaient rencontrés à Francfort, en 1930, chez un ami d'Oom Marco, un nommé Kruskal, qui travaillait avec lui dans le négoce des alcools. Ma mère faisait ses études d'orthophonie dans cette ville. Pour le shabbat, Kruskal l'invitait souvent, ainsi que d'autres jeunes gens. Lemele en faisait partie. Il était très actif dans les réseaux sionistes et s'occupait de préparer et de guider des groupes de Juifs qui voulaient partir en Palestine. Il les accompagnait dans leur *alyah*, lorsqu'ils étaient prêts. Ma mère allait avec lui quelquefois. Ils devaient certainement projeter de s'installer en Palestine. C'est d'ailleurs à Jérusalem, en 1933, qu'ils se sont mariés. Ils vécurent là-bas quelque temps. Mon père dirigeait une école et donnait des cours d'hébreu aux nouveaux arrivants. Ils seraient bien restés, mais comme je te l'ai déjà expliqué, Lemele ne supportait pas la chaleur, car il était malade des poumons. Ils furent donc obligés de rentrer à Amsterdam, afin qu'il puisse se soigner. Ils habitaient une maison dans le quartier Tuyl van Serooskerkenweg. Là encore, Lemele donnait des cours d'hébreu, étudiait, écrivait et continuait toujours à préparer les candidats au départ en Palestine, organisait des conférences pour la communauté. Ma mère exerçait son métier d'orthophoniste et prenait beaucoup de plaisir et d'intérêt à s'occuper des enfants en difficulté. La vie lui souriait. Elle aimait chanter en s'accompagnant au piano et elle préparait pour le shabbat de belles tables ouvertes à la famille et aux amis. On peut dire que mes parents étaient sociables et généreux.

Il y avait toujours du monde chez eux. Ils menaient une vie confortable, militante et religieuse. Tonie était venue de Roumanie rejoindre sa jeune sœur à Amsterdam assez tôt, dès 1926, je pense, peut-être plus tôt. Nouveau pays, nouvelle langue, nouvelle vie ! Elle avait épousé Jacob Abraham Frank, dit Jaap, aux Pays-Bas. Leurs enfants, Arthur et Bram, étaient nés en 1927 et 1930, je crois. Jaap rêvait de partir en Palestine. Tonie était partagée. Elle n'était pas prête. Encore un départ vers l'inconnu. Cela l'angoissait. Elle avait le désir de rester près de sa petite sœur Braandel avec laquelle elle s'entendait si bien ! Sa relation avec Jaap était moins harmonieuse que celle de Braandel avec Lemele.

Braandel percevait bien le trouble que provoquait chez sa sœur la perspective d'émigrer, avec ses deux enfants encore jeunes. Elle pensait qu'elle vivrait douloureusement ce nouveau déracinement.

Avant-guerre

Malgré tout, en dépit de ces hésitations – partir… ne pas partir – mes parents se sentaient relativement en sécurité, pendant ces années de montée du nazisme en Allemagne. Peut-être pensaient-ils que la neutralité de la Hollande pendant la Grande Guerre les protègerait. L'allemand était la langue maternelle de mon père. On parlait l'allemand en Bucovine. Cela le rassurait. Comme si le fait de parler la langue des nazis, de la lire, était un rempart culturel contre le danger.

Il raconta, plus tard, une anecdote qui l'avait conforté dans cette idée. C'était un matin, au début de l'occupation. Alors que les Allemands contrôlaient tous les passants, ils ne lui avaient même pas demandé ses papiers lorsque son tour était arrivé : après qu'il eut échangé quelques mots avec eux, ils l'avaient laissé passer, sans plus l'importuner.

Il se plaisait à croire que ce jour-là, son allemand maternel, son physique d'intellectuel, son regard vif protégé par ses lunettes d'écaille l'avaient sauvé.

Ils ne se sentaient pas menacés, jusqu'à ce que le mur de confiance ne s'écroule.

En 1938, de plus en plus de réfugiés Juifs allemands, polonais, russes, autrichiens, tchèques... immigraient aux Pays-Bas, premier pays offrant la possibilité de prendre la mer, vers d'autres mondes moins hostiles. Rejoignant leur famille, leurs réseaux, ou bien seuls, sans bagages, fuyant le troisième Reich et les pogroms, ils espéraient embarquer pour l'Angleterre ou les États-Unis, l'Amérique du sud, ou émigrer en Palestine. Certains réussirent. D'autres restèrent en Hollande.

En 1938, quand l'Allemagne annexa l'Autriche et démantela la Tchécoslovaquie, les Juifs furent encore plus nombreux à converger vers les Pays-Bas. Or, les autorités hollandaises ne souhaitaient pas les voir séjourner trop longtemps. Elles construisirent à la hâte des baraquements en bois, pour ces « *statenloos* [7]», sur une lande inculte,

---

7 Sans nationalité.

très ventée et peu peuplée du nord du pays, dans la province de Drenthe, à une trentaine de kilomètres de la frontière allemande : le camp de Westerbork. Il ouvrit ses portes en octobre 1939. L'objectif de ce camp n'était pas encore la déportation mais bien la préparation de l'émigration, notamment pour la Palestine. Il était administré par le Conseil juif d'Amsterdam, jusqu'en juin 1942, avant qu'il ne passe sous commandement allemand pour devenir le *Polizeiliches Durchgangslager*, le « camp de transit policier »… Métaphore administrative pour désigner le transit vers les camps de la mort.

Mais jusqu'en juin 1942, c'était le Conseil juif qui intervenait auprès des autorités pour l'obtention des permis de séjour ou des visas pour l'émigration.

La nasse

Dès 1939, l'année de ma naissance, Amsterdam devint une ville extrêmement dangereuse. Le pays tout entier était, si l'on peut dire, l'un des plus dangereux d'Europe pendant la guerre. Car « le relief de la Hollande est entièrement plat et, hormis les régions marécageuses du littoral, il n'existe pas de forêts ni de sites naturels offrant refuge. À l'est, la frontière avec le Reich, au sud, avec la Belgique occupée, au nord et à l'ouest, la mer… » comme l'explique l'historien Raul Hilberg dans *La destruction des Juifs d'Europe*. La géographie de ce pays représentait à elle seule un piège.

Hilberg explique aussi que le bureau du *Reichskommissar*[8] était investi d'un pouvoir absolu qu'il exerça avec la plus grande brutalité et efficience. « Pour nous, disait

8 Reichskommissar : administrateur de pays occupés, nommé par le troisième Reich.

l'Autrichien Seyss-Inquart, *Reichskommissar* aux Pays-Bas, les Juifs ne sont pas des Hollandais, ce sont des ennemis avec lesquels nous ne pouvons parvenir à un armistice ni à la paix ». Cent quarante mille Juifs vivaient en Hollande avant la guerre. À la fin, il n'en restait que trente mille.

Après la capitulation très rapide de l'armée hollandaise, le 14 mai 1940, quatre jours à peine après l'offensive des Allemands, le filet se resserra très vite sur les Juifs, surtout les « étrangers ». Nombre d'entre eux tentèrent d'atteindre Scheveningen, près de La Haye. La plupart cherchaient à fuir vers l'Angleterre. Le port de Rotterdam avait été l'une des premières cibles de l'aviation allemande, bien sûr. Il était entièrement détruit par les bombardements. Mais il était trop tard : les troupes allemandes arpentaient déjà la ville. À partir d'août 1940, les mesures brutales antijuives tombèrent comme des bombes. Renvoi de la fonction publique. Aryanisation des entreprises privées. Dans la vie économique entrèrent en vigueur les mesures qui chassèrent inéluctablement les Juifs des entreprises, des banques... L'infernale mécanique se mettait en place : interdiction, avilissement, bannissement, regroupement, déportation, extermination.

Début 1941, un effrayant système de contrôle s'organisa. Le recensement de toute personne juive, même celles n'ayant qu'un seul grand-parent juif, fut rendu obligatoire par décret, et le Conseil juif fut créé, sur ordre du *Stadtkommissar* Böhmker[9] d'Amsterdam. Or, une organisation interne à la communauté juive, un comité de coordination, existait déjà, depuis 1938, pour aider les émigrants et s'organiser pour supporter les mesures antijuives. Ce comité était indépendant. Il fut dispersé puis dissous. Le nouveau Conseil juif, quant à lui, avait un rôle bien différent. Il était chargé par les Allemands de relayer leurs ordres. Il éditait un journal qui diffusait les directives. Il établissait les autorisations de déplacement. Il dépêchait même des émissaires qui allaient demander aux Juifs, chez eux, de se faire connaître et de préparer leurs bagages pour partir au « service du travail » en Allemagne, sur ordre des officiers qui avaient eux-mêmes des quotas à remplir. Il gérait les dépôts indi-

---

9 Stadtkommissar : équivalent du maire, nommé par le troisième Reich dans les villes de pays occupés.

viduels d'argent sur un compte collectif, et lui seul pouvait débloquer des fonds pour les familles qui n'avaient plus le droit de garder de l'argent, sauf une somme ridiculement modique qui ne permettait même pas de se nourrir. Ce Conseil a été l'objet de tant de polémiques… Je me garderai bien de juger ceux qui en faisaient partie. Qui peut les juger aujourd'hui ? Qui sait réellement ce qu'ils savaient alors de la destination finale des convois ? Quelles menaces pesaient sur leurs familles s'ils n'obéissaient pas ? Les nazis manipulaient les Juifs de manière à ce qu'ils organisent eux-mêmes leur propre destruction !

En février 1941, le NSB fit des « manœuvres » dans le quartier juif d'Amsterdam. Des magasins furent détruits et des synagogues incendiées. De jeunes Juifs, aidés par des ouvriers hollandais non juifs ripostèrent vivement, alors que les Allemands ne s'y attendaient pas. Les représailles furent terribles. Trois cent quatre-vingt-neuf Juifs d'Amsterdam et de Rotterdam, âgés de vingt à trente-cinq ans, furent envoyés à Buchenwald. Plus de la moitié périt très vite dans ce camp, de faim, de tortures ou assassinée. À l'autre moitié, transférée à Mauthausen, fut imposé un travail absolument inhumain dans la carrière de pierres de Wiener Graben. Il leur fut demandé de transporter d'énormes blocs de pierre du bas d'une colline à son sommet ! Une véritable tuerie eut lieu, dans cette carrière. Le Conseil juif reçut les avis de décès et dut les remettre aux familles. Il informa le gouvernement suédois, qui était alors chargé de la protection des citoyens hollandais vivant dans le Reich. Mais aucune investigation ne fut possible. Cette épouvantable nouvelle déclencha une belle résistance de la part du peuple hollandais, qui craignait un sort identique pour les jeunes travailleurs qui s'étaient soulevés. Dans les transports, dans l'industrie, il y eut des grèves.

Les Allemands instaurèrent la loi martiale, avec menace de mort en cas d'infraction.

L'étau se referma encore plus durement sur les Juifs : lettre J tamponnée sur les cartes d'identité en juillet 1941, restrictions de déplacement, « nettoyage » des provinces, création de ghettos qui abritèrent plus de la moitié des Juifs du pays autour d'Amsterdam. Chaque famille accueillait d'autres familles. Puis vinrent toutes les autres interdictions qui paralysèrent la communauté.

Tu sais tout cela. Mais combien ne le savent pas encore aujourd'hui ?

Le 26 juin 1942, le Conseil juif fut informé que des déportations imminentes allaient avoir lieu sous le contrôle de la police et que les familles seraient envoyées dans des camps de travail en Allemagne. Rauter, le chef suprême des SS et de la police hollandaise, déclarait à Himmler le 10 septembre 1942, alors que des milliers de Juifs étaient déjà partis dans des convois : « Je rameute tout ce qui exerce des fonctions de policier ou d'auxiliaire de police, et tout ce qui semble appartenir de près ou de loin et où que ce soit, légalement ou illégalement, à la juiverie, se trouvera dans ces camps après le 15 octobre 42 ».

Rafles, ratissages, convois, quotas, drames, dénonciations... Dans les villes et les villages, les années 42, 43 et 44 furent terribles, impitoyables, des années noires, où une famille juive résolue à survivre coûte que coûte ne pouvait le faire qu'en prenant l'initiative individuelle de se cacher au plus profond de ce pays si vulnérable, si exposé. L'aide de la population contrebalança, mais dans une bien moindre mesure, la triple action des fonctionnaires, de la police et du Conseil juif.

Dès la capitulation éclair de mai 1940, Oom Marco, qui vivait à Wassenaar, une petite ville au nord de La Haye, décida de s'y cacher. Grâce aux biens qu'il possédait, des terres, des fermes dans le pays, il put aider des Juifs et entrer en résistance. Il fit en sorte que mon père, ma mère, mon frère Amiel, qui venait à peine de naître, et moi-même, disparaissions.

Lorsque tombèrent les premiers décrets sévères début 1941, il envoya mes parents se cacher chez des fermiers, à Oss, dans le Noord Brabant. Ces paysans ne les ont jamais trahis. Combien de dénonciations ont été faites, pourtant, pour une bouchée de pain ! Ils sont toujours restés ensemble, enfermés dans une petite chambre. Ils étaient seulement à dix kilomètres de Vught, un camp de travail dirigé par la Waffen SS. Je ne sais même pas s'ils avaient de faux papiers, ni s'ils avaient pu éviter que la lettre J ne soit tamponnée sur leur carte d'identité.

Ils me gardèrent près d'eux jusqu'à la naissance de mon frère, Amiel Shalmon Baruch, le 5 juin 1941. J'avais donc un peu plus de deux ans quand ils décidèrent de se séparer de moi. Amiel fut caché lui aussi, un peu plus tard. Mes parents avaient compris qu'ils devaient nous séparer pour que nous ayons chacun une chance de plus d'être sauvés.

Aujourd'hui, j'ai tant lu sur le contexte et l'organisation de la destruction des Juifs en Hollande ! Je sais que leur décision, celle qui consistait à nous séparer et à nous cacher, était la bonne. Les chiffres en attestent : vingt-quatre mille Juifs ont pu se cacher aux Pays-Bas, dans des couvents, des orphelinats et surtout dans des familles, à la campagne. Huit mille ont été dénoncés. Mais seize mille ont survécu ! Plus de la moitié des trente mille Juifs hollandais qui furent épargnés par cette guerre !

La clairvoyance de mes parents et d'Oom Marco m'a toujours fasciné. Comme l'incroyable courage de tous ceux qui les ont aidés. Ils étaient une minorité et ils ont eu tellement raison !

Voici ce qui s'est passé pour Tonie, Bram et leurs enfants : fin 1940, Jaap avait fini par obtenir les certificats qu'il attendait depuis si longtemps et qui lui donnaient la possibilité d'aller en Palestine. Il appartenait à un mouvement sioniste religieux qui formait les candidats à différents métiers, en vue de l'émigration. Des listes de ces candidats étaient soigneusement établies. Quand les

Allemands les saisirent, ils purent très facilement retrouver les futurs émigrants, puisque tout était noté sur ces listes, l'adresse, la composition des familles, les noms et les prénoms, les dates de naissance... Jaap et Tonie n'étaient pas cachés. Ils pensaient être protégés par ce certificat. Par le Conseil juif. Ils attendaient les instructions et la date du départ. Longtemps ils sont restés à Amsterdam, alors que plus l'étau se refermait, moins ils avaient de chances de partir. Ils attendirent jusqu'au 20 juin 1943, jour où ils ont été conduits à Westerbork. Des convois partaient plusieurs fois par semaine vers Auschwitz, Sobibor, Theresienstadt ou Bergen-Belsen.

Jaap, Tonie, Bram et Arthur montèrent dans un train pour Sobibor le 20 juillet 1943. Personne ne les revit jamais[10].

Micha ferme les yeux, inspire longuement et marque une pause. Un long silence s'installe.

---

10 Jaap Frank était né en 1901, Tonie Frank née Cohn le 9 août 1901, Bram Frank en 1927, et Arthur Frank le 16 août 1930 (Herinnering Centrum-Kamp Westerbork).

L'impossibilité de l'oubli

Ma mère avait bien connu l'enthousiasme et les rêves sionistes de Jaap. Elle avait écouté les hésitations de sa sœur, pris des risques pour tenter de les dissuader, de les convaincre de se cacher, comme eux.

Combien de fois m'a-t-elle rappelé ce fameux après-midi d'automne 1941 ! La dernière conversation importante et personnelle qu'elle avait eue, dans ce parc, au bord du canal, près de Stadiumkade, avec Tonie et les enfants. Elle me répétait le risque qu'elle avait pris pour venir retrouver sa sœur, alors qu'elle-même était cachée chez des paysans près d'Oss avec Lemele, mon frère et moi. Elle avait besoin d'en parler obsessionnellement, comme pour se convaincre qu'elle avait fait tout son possible pour éviter ce qui était arrivé. Pour elle, j'étais le seul témoin de ce souvenir. Moi, si jeune alors. Moi, qui toute ma vie ai gardé en mémoire le souvenir que ma mère y a incrusté : le rire de mes cousins, au bord d'un canal, alors qu'elle tente de convaincre Tonie. Toute sa vie, elle s'est reproché de ne pas avoir suffisamment insisté, de ne pas avoir su les empêcher de s'inscrire sur cette liste et les persuader de rester à Amsterdam ou ailleurs dans le pays, clandestins comme elle. Toute sa vie elle a répété cela, dans l'impossibilité de l'oubli, inconsolable, des larmes dans les yeux, ces mêmes larmes qui coulaient encore cinquante ans plus tard. Elle m'a légué cette tristesse qui ne m'a jamais quitté et peuple mon sommeil de fantômes.

Sensations

De ces années de prime enfance, celles qui précédèrent mon arrivée à Clinghendaal, je n'ai presque aucun souvenir, bien sûr. Seulement quelques sensations fugaces. Il fallait me cacher dans différents lieux. Il fallait en changer, souvent. J'étais un très jeune enfant et forcément, je n'avais aucune expérience du danger, du silence qu'il fallait que je garde, partout où je me trouvais. Sans mère ni père près de moi, ballotté d'un lieu à l'autre, de l'inconnu à l'incertain, je crois aujourd'hui que je ressentais instinctivement l'impérieuse nécessité de me taire, de passer inaperçu, comme un petit animal sans défense, dépendant de l'amour que je pouvais inspirer, de la nourriture et des soins que l'on pouvait me donner.

Le premier refuge où je fus amené seul se trouvait dans la petite ville d'Oss, non loin de l'endroit où étaient cachés mes parents, chez des fermiers dont je n'ai pas gardé trace du nom, qui travaillaient sur les terres d'Oom Marco. Ils décidèrent ensuite de m'envoyer à Wassenaar, près de La Haye, à plus de cent kilomètres de là, où un autre fermier nommé Boer Kool, qui travaillait lui aussi pour mon grand-oncle, voulait bien me prendre chez lui. De ce séjour, j'ai toujours confusément gardé en mémoire la brutalité d'Hermann, le fils, un adolescent un peu fruste de douze ou treize ans, qui prenait grand plaisir à me persécuter de mille manières et dont je devais être la victime idéale, puisque je ne pouvais me défendre ; il y a aussi ce goût, qui s'impose à ma bouche, lorsque je revis en pensée cette période qui précède mon arrivée chez Tante Cor dont je vais te parler, celui des patates crues que l'on me donnait à croquer. On me donnait sûrement autre chose, mais ce goût-là est resté. Puis remonte à la surface une présence bienveillante, celle d'un médecin, dont on m'apprit plus tard qu'il demandait très peu d'argent – *een kwartje, als't u belieft !* [11] – pour me soigner et qui, si on n'en avait pas assez, me soignait quand même. Je ne sais pas pourquoi je m'en

11 *Un sou, si ça vous convient !*

souviens… On a souvent dû me le raconter durant mes années de jeunesse, après la guerre.

À Wassenaar et chez Boer Kool arrivaient tous les jours de plus en plus d'Allemands qui travaillaient là, car la Gestapo y avait établi un poste de commandement et avait installé une base de lancement de missiles V1, qui fut détruite en 1944 par des bombardements aériens. Tu imagines à quel point mes parents étaient inquiets de me savoir dans la gueule du loup ! Il fallait me mettre à l'abri, une fois de plus, dans un lieu plus sûr, si cela existait.

Oom Marco qui connaissait tellement de monde et surtout les réseaux de la résistance, chercha pour moi une nouvelle famille où me cacher encore, jusqu'à nouvel ordre. Pendant toute la guerre, il trouva des solutions pour que mes parents, mon frère et moi soyons à l'abri. Il ne s'est pas trompé sur les personnes entre les mains desquelles remettre notre sort, celles qui étaient dignes de confiance et qui étaient prêtes à prendre ce risque majeur.

Clinghendaal, mai 1943

« – …

– Quel âge a-t-il ? demanda-t-elle.

– Quatre ans, je crois, répondit Ome Leen.

– Est-ce l'enfant que j'ai aperçu l'autre jour chez Boer Kool, qui jouait sous la table ?

– Oui, c'est bien lui. Il ne faut plus le laisser là, c'est devenu trop dangereux, il y a beaucoup trop d'Allemands maintenant. Mais tu connais un peu sa mère, c'est la nièce de Marco Cohn ! Avec son mari, ils sont près d'Oss, ils se cachent là-bas, ils ont laissé un autre enfant, ailleurs. Ils sont terriblement inquiets pour le petit.

– Et avec Hermann sur le dos, il doit être bien malheureux ! Il n'y a pas de femme là-bas pour s'occuper lui. Comment s'appelle-t-il déjà ?

– Micha, répondit Ome Leen ».

Cornélia regarda la Bible ouverte sur la table devant elle, puis leva calmement ses yeux vers lui.

« Le Christ est venu sur terre pour sauver les hommes, dit-elle. Il nous a déjà tant donné ! Voilà qu'il nous offre encore aujourd'hui cette chance.

– …

– Quand iras-tu le chercher ?

– Ce soir. Je peux y aller ce soir. Ce serait bien pour lui. »

Cette décision, Cornélia et Ome Leen l'ont prise comme ça, sûrement. Simplement. Sans effets inutiles. Cornélia portée par sa foi, sa générosité et son désir d'enfant et Ome Leen, porté par sa haine de l'occupant et par amour pour elle, au mépris de la peur, au mépris de la mort. Éternellement, je leur en serai reconnaissant.

Tante Cor et Ome Leen

C'est Ome Leen qui est venu me chercher avec sa bicyclette en mai 1943. Je venais d'avoir quatre ans.

J'étais tellement heureux de quitter Boer Kool et son fils Hermann, dont la brutalité m'effrayait, que j'étais prêt à suivre n'importe qui sans aucune difficulté !

Jamais je n'oublierai ce moment où, à califourchon sur le porte-bagages, je passai les bras autour de la taille de cet homme, posai ma tête sur son manteau et sentis pénétrer dans tout mon corps la chaleur réconfortante, la force silencieuse de cet inconnu. Il a pédalé jusqu'à Clinghendaal, un domaine non loin de là.

Le ciel était rouge quand nous sommes arrivés. Comme la chaleur du contact avec Ome Leen, qui emplit ma mémoire quand j'évoque ce soir-là où tout ce que je vis me parut immense. La grande propriété, un parc en pente douce avec de grands arbres, un pré où paissaient des vaches, un bois plus loin. Il y avait une imposante maison et à côté, une rivière, un pont, un vieux chêne et du muguet partout, c'est ce détail qui m'a toujours fait dire que nous étions en mai. Dans plusieurs dépendances était logé le personnel du domaine. Ome Leen était chauffeur et habitait dans l'une d'elles avec sa femme, Cornélia. C'était un homme qui parlait peu. Il était maigre, sec et fumait constamment des Zware Shag, qu'il roulait. Plus tard, j'ai su qu'il était résistant. Il transportait des armes, des papiers et livrait de la viande.

Il était intuitif et courageux. Rassurant. D'une nature discrète et efficace, il avait en lui la vigilance prudente des gens qui agissent avec sang-froid. Sa femme Cornélia disait qu'il avait le don de s'effacer, sans que personne ne s'en aperçoive. Au début de l'occupation, il avait été pris par hasard dans une rafle. Lorsqu'il avait aperçu l'attroupement, il lui avait été impossible de reculer sans se faire remarquer, un soldat marchait déjà vers lui l'arme à l'épaule. Il avait laissé son vélo à l'angle de la rue où il se trouvait. Cela se passait au bord d'un canal dans une artère assez fréquentée par des cyclistes, des voitures, des piétons. Dans un local, les Allemands avaient installé une table devant laquelle il fallait passer en montrant ses papiers. On entrait côté canal et on ressortait dans une rue parallèle. Devant Ome Leen, dans la file où il se trouvait, les Allemands s'intéressaient de près à deux jeunes femmes qui présentaient leurs documents d'identité. Une grande confusion régnait. Interpellations, bousculades, écho. Avec un flegme remarquable, il avait saisi les quelques secondes d'inattention des soldats à son encontre et s'était esquivé, comme une ombre, vers la sortie. Il avait suffi de ces secondes-là. Un homme qui avait vu son manège le suivait. Il avait voulu l'imiter, mais les Allemands l'avaient aperçu ! Une fois dehors, dans la rue parallèle, il était retourné chercher son vélo. Il portait deux revolvers dans ses poches.

Il était comme ça, calme, silencieux, résolu.

Après la guerre, c'est avec lui que j'ai connu les plus beaux silences, lors des longues promenades que nous faisions, tous les deux, dans les bois de Clinghendaal. J'aimais les pressions répétées de sa main sur la mienne, quand nous marchions côte à côte. Elles me parlaient infiniment plus que tous les mots qu'il ne prononçait pas et que pourtant, j'entendais.

Mais revenons à ce soir de mai 1943. Quand je suis arrivé, petit bonhomme de quatre ans, dans cette nouvelle maison qui m'était inconnue, Cornélia s'approcha doucement de moi, ploya les genoux pour se trouver à ma hauteur et me prit dans ses bras. Elle me dit son nom : Tante Cor. C'est ainsi que je l'appelai, tout de suite, sans difficulté. Quant à moi, on avait changé mon nom. J'étais devenu Daantje. Daantje Kloppenburg, un petit cousin.

Nous étions dans une vaste pièce, du moins me semblait-il. Il y avait plusieurs personnes autour d'une table, rassemblées pour une fête, un anniversaire, je crois. Tout d'abord, Daan, qui était apprenti-boucher et son amie Pauline, une nièce de Tante Cor et puis Jan, qui se cachait, lui aussi, pour échapper au service du travail obligatoire.

Dans cette grande salle à manger, j'ai eu la sensation de devenir le centre. Chaque regard convergeait vers moi, j'étais l'objet de toutes les attentions. Tante Cor m'avait donné à boire et à manger. Il y avait de la viande rouge et saignante, coupée en petits morceaux. J'en avais mangé si peu... Chez Tante Cor, j'allais en manger presque tous les jours et aujourd'hui, la viande rouge est devenue pour moi comme un symbole de l'amour.

Dès le premier regard, sans hésiter, j'ai aimé Tante Cor. Comment faire autrement ? J'étais seul, vulnérable. Elle me couvait de son regard enveloppant et je me sentais transpercé par le rayonnement si réconfortant de sa tendresse. Ome Leen et elle n'avaient pas eu d'enfants. J'ai eu la chance de recevoir, émerveillé, ce trop-plein d'amour qu'ils me donnaient, chacun à leur manière.

Sans le savoir, j'avais trouvé au milieu de ces gens une famille qui m'avait adopté d'emblée. Une famille qui, pour moi, s'était mise en grand danger et vivait cette situation avec une simplicité inouïe, certainement portée par la foi et une certitude : l'énorme risque qu'elle prenait était moins important que la récompense de me voir rire comme rit un enfant.

Je dormais dans une chambre au premier étage, à droite. Pas un soir, je ne me suis endormi seul. Tante Cor restait près de moi et me racontait des histoires jusqu'à ce que le sommeil m'emporte. Elle connaissait tous les romans de Karl May, cet auteur allemand qui écrivait, dans la tradition de Fenimore Cooper, de terribles aventures du Far West avec ses deux héros, l'Apache Winnetou, fils de la prairie, et le Blanc Old Shatterhand. J'étais fasciné par les grandes chevauchées, les batailles, les flèches enflammées. J'oubliais tout en l'écoutant. Ironie du sort, Adolf Hitler avait fait d'Old Shatterhand un modèle du surhomme allemand… mais cela, nous ne le savions pas. Qui n'aimait pas ces fabuleuses histoires ? Même Albert Einstein adorait Karl May, paraît-il !

J'étais entouré d'adultes. Aucun enfant avec qui jouer. Aussi, il m'arrivait souvent de dialoguer avec moi-même, le jour comme la nuit. Tante Cor et Pauline m'ont raconté plus tard qu'elles aimaient m'écouter dans ces moments-là. Je parlais aux animaux que j'avais vus dans le jardin, à la rivière, au ciel, à Winnetou.

Tante Cor était de tradition protestante calviniste, croyante et pratiquante. Elle se rendait au temple tous les dimanches. Après la guerre, il lui est arrivé de m'y amener. Ome Leen nous accompagnait, bien qu'il fût beaucoup moins pratiquant qu'elle. Je me sentais bien au temple, j'aimais quand nous chantions ensemble. À la maison, Tante Cor lisait des versets de la Bible trois fois par jour, à la fin de chaque repas. C'est elle qui m'a lu de nombreux passages de l'Ancien Testament, à plusieurs reprises. De belles histoires, avec les fabuleux personnages bibliques. J'étais donc imprégné d'un mélange de Karl May et d'Ancien Testament. C'était tellement formidable pour moi, que j'ai gardé un goût prononcé pour le protestantisme, les Indiens d'Amérique et les squaws, et que je n'ai jamais pu devenir un juif orthodoxe, comme mon père.

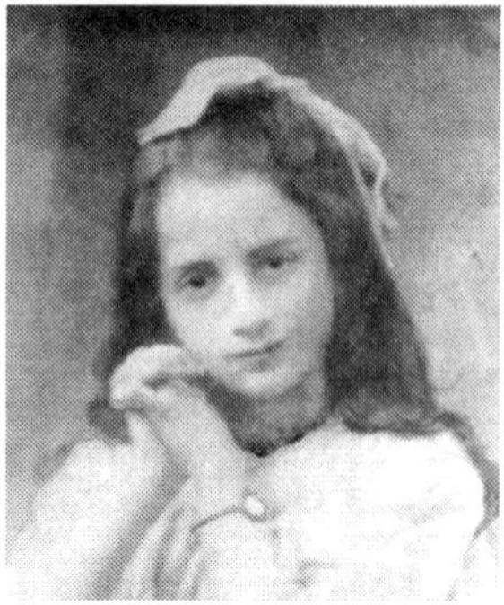

Braandel, la mère de Micha, à l'âge de dix ans.

Ci-dessus, Oom Marco jeune, Rotterdam.

Lemele, le père de Micha, après son doctorat.

Les deux sœurs, Braandel et Batja, et dans le fond, Betsie, la femme de Marco.

Braandel, la mère de Micha, jeune femme, avec son chat.

Braandel et Lemele, les parents de Micha, le jour de leur mariage, en 1933 à Jérusalem.

Micha (1941 ?)

Tonie, la tante de Micha et Arthur, son fils aîné.

Ome Leen, devant sa voiture, à Clinghendaal.

Tante Cor et Micha,
chez le photographe (1945 ?)

Ami, Micha et leur mère Braandel,
sur la plage de Zandvoort.

ïcha et son frère Ami, à Den Dolder.
i-dessous : Micha, Ami et leurs parents, le jour
· la bar mitzvah de Micha, le 24 mars 1952.

PASSAGE

Tante Cor, Ami et les parents de Micha, dans les années 50.

Ci-contre : Tante Cor, Ami et Micha sortant du cinéma Tuchinski.

Lemele, le père de Micha, et Braandel,
la mère de Micha, chantant, dans la nature.

Manuscrit en néerlandais du discours de Tante Cor à Micha, mars 1952.

Lieve Micha.

Je was 4 jaar toen ik je leerde kennen
Wij hadden niet veel tijd noodig, om aan elkaar te wennen
De avond dat je kwam, die zal ik nooit vergeten
Je kwam zoo'n stukje boven tafel, dat zal je niet weer weten
Ik heb je toen direct, maar op mijn arm genomen
En zoo zijn wij toen saampjes boven gekomen.
Het was tijd om te gaan slapen, moet je weten
Er ging veel in je hoofdje om, dat heb ik later pas begrepen
Een verhaal dacht ik, dat zal hem misschien wel lijken,
Want je zat tog zoo sip, aldoor naar mij te kijken.
Ik had toen al direct, de goede snaar gehad,
Want vertellen, nou dat was je wat
Het moest altijd over beesten en een bos
En dan vertelde ik er maar op los.
Want beesten nou, daar hield jij van
Het was de eerste dag al, dat ik dat vernam.
Je kwam mij toen wat in mijn handen stoppen
het was ook wel een beetje om te foppen.
Ik voelde in mijn hand een glibberig dier,
Je zei, Tante dat is nou een dikke pier.
Ook met kikvorsen kwam je aangedragen
Nee, ik had niet over je te klagen

Je ging toen zelfs een groententuin aanleggen
Ja ik hoor het jou nog zeggen
Tante, mag ik aardappelen gaan poten
Niet van die kleine, ik wil heel graag groten.
Elken dag was je aan t wroeten
en naar aardappels aan t zoeken
Ook zal je het misschien nog weten
Hoe je in de brandnetels heb gezeten.
Ik wist niet, hoe je te bedaren
Want je zat toch zoo onder de blaren
In t water ~~heb je ook nog een keer~~ gelegen
Mr Horstmann heeft jou er toen uit gekregen
Ja op Clingendael, was heel wat te beleven
Je heb ~~ons~~ mij ~~op~~ nog eens ~~avond~~ ~~ook~~ ~~eens~~ een keer heel erg doen beven
Jij wilde ons zoo graag eens foppen
En ben je toen, is gaan verstoppen
Je was ~~toen~~ op een avond in eens verdwenen
En wij wisten niet waarhenen.
Heel de plaats was ~~toen aan t~~ aan het zoeken
En maar steeds aan t Daantje roepen
Tussen twee haakjes, U moet namelijk weten
In zijn schuilnaam, was hij Daantje geheten
t angstzweet brak ons allen uit
En waar was die kleine guit.

Hij zaten ~~daar~~ met z'n beien
In een portaal te vrijen
Achter de deur van t groote huis
Zaten wij stilletjes, als een muis.
Zat daar door een kier te loeren
en dacht, laat ze daar maar boeren.
Want hij had daar 'n zoo'n schik,
begreep niets, van ~~ons~~ angst en schrik.
Eindelijk gaf hij het dan op
Heb ik mij niet goed verstop
Was het eerste wat hei zei
Nu wij waren allen blij
Een uur op z'n minst, had hij daar gezeten
Je kan begrijpen, hoe wij hebben gekeken
Toen wij hem in eens zoo zagen staan

En zoo zou ik nog wel uren door kunnen gaan
Hoe hij met een zakje snoepjes een koffer inging
Omdat in Wassenaar de V1 opging!
En toen wij kwamen, op onze bestemming aan
Wij zaten in de war, hoe het hem in die koffer zou gaan
~~Toen~~ Daar hoorde wij, met zijn hoofd door een kier gekeken
Tante, het is toch niet erg, ik heb heel het zakje snoepjes leeggegeten
zoo heb jij die tijd toch veel genoten
Je wist toen nog niet, hoeveel tranen er werden vergoten

Je was gelukkig nog te klein, om te beseffen
Hoeveel leed jou volk moest treffen
Maar gelukkig bleven je ouders gespaard
En jij met je broertje voor hen bewaard.
Nu staat in het spreukenboek
En dat staat er toch heel goed
Er is een tijd om te lachen en een tijd om te huilen,
~~Nu is~~ het is dan de tijd niet om te pruilen.
Want het is voo jou en je ouders en allen die je kennen mag
Nu je 13 jaar geworden ben, een feestelijke dag
En ik hoop voor Papie en Mamie, dat het jou is gegeven
Hen nog veel plezier van jou te laten beleven.
En al zit jou vol studie boeken
Ik hoop jou ook nog dikwijls te bezoeken
Nu ga ik eindigen een wens nog gegeven
Dat is een heel lang en gelukkig leven
Dat God jou mag bewaren
Voor veel rampen en gevaren.

Le geste

Deux ou trois fois, ma mère vint me rendre visite à Clinghendaal. Tu ne peux pas imaginer le danger que cela représentait pour elle, pour moi aussi, pour nous tous… Pour venir d'Oss, elle devait parcourir plus de cent kilomètres, en vélo, en train, à pied, courant le risque des contrôles d'identité sur les routes, des arrestations, des dénonciations… Comme elle devait m'aimer ! Comme elle devait se désespérer de devoir me laisser, si longtemps, sans être jamais tout à fait sûre que cela pourrait me sauver. Elle devait se dire que je comprendrais plus tard, que je saurais qu'elle ne m'avait pas abandonné. Mais plus tard, jamais nous n'en avons parlé. Jamais elle ne m'a dit les sentiments qui l'animaient alors, sa peur pour ma vie, mais la peur aussi que mon amour pour elle ne s'estompe. D'ailleurs ne s'est-il pas éloigné ou plutôt déplacé, si cela est possible ?

Afin que ma mère soit rassurée et me trouve bien portant, lorsqu'elle venait me voir, Tante Cor prenait particulièrement soin de ma coiffure, de la propreté de mon corps, de mes ongles, de mes oreilles, et m'habillait de neuf. C'est elle qui confectionnait ou tricotait tous mes vêtements. Elle avait beaucoup de talent pour la couture.

Regarde cette photo. Je suis assis sur ses genoux. J'ai passé mon bras autour de son cou et elle me tient la main au creux de son épaule. Nous sommes liés, nous ne faisons qu'un. Je porte un pull-over brodé, le col de ma chemise dépasse et j'ai des pantalons courts. Elle m'a fait une raie sur le côté et a dompté mes boucles en plaquant mes cheveux vers l'arrière. J'ai l'air d'un petit ange. Je devais être ainsi les rares fois où ma mère est venue me voir. Quand elle arrivait, au lieu de me précipiter vers elle, comme elle l'aurait certainement souhaité, je restais agrippé à la robe de Tante Cor. Alors, après m'avoir embrassé, elle me décoiffait, d'un geste énergique et brouillon de la main, comme pour nier tout le soin que Tante Cor m'accordait et revendiquer ainsi sa place, la propriété de ce fils auquel, à cause de la guerre, elle ne pouvait donner ni temps ni amour et qui lui échappait, dans le giron affectueux et protecteur d'une autre femme. C'était un geste humain et ambigu, qui pouvait ressembler à une affection protectrice, mais aussi exprimer une jalousie retenue, un instant dévoilée et bien compréhensible. Nous avons souvent reparlé de ce geste, plus tard, avec Tante Cor qui me disait « Tu te souviens, ta mère te décoiffait chaque fois qu'elle venait te voir… ». Cette phrase déclenchait une hémorragie de souvenirs.

Jamais je n'ai pu en parler à ma mère.

Je ne crois pas que mes parents me manquaient. Leur existence même était vague et lointaine. Je ne me souvenais vraiment d'eux que lorsque je les voyais. Je ne les réclamais pas. Je savais qu'ils ne pouvaient pas être là, que nous ne pouvions pas être ensemble. Et puis, je ne manquais pas d'amour.

Amour et peur

J'étais heureux à Clinghendaal, avec Tante Cor et Ome Leen.

Oui, j'étais heureux. Je me sentais protégé, choyé, et pourtant, comment te dire, quelque chose rôdait… Je ne savais pas encore que c'était la peur, cette tension quotidienne, installée à demeure, qui ne disait pas son nom mais que je captais d'instinct, dans les regards, les gestes soudain figés par un bruit insolite, une voix, une seconde, le temps de reconnaître un bruit, un silence… Une tension qu'il fallait faire semblant d'ignorer, masquer en ma présence, la rendant d'autant plus perceptible. La peur, comme un animal tapi, pouvait sortir à tout moment.

Cette menace, avec laquelle je vivais depuis ma naissance, en étroite dépendance, était liée à l'amour quasi exclusif de cette femme pour moi. Les deux se sont emparés de ma vie.

Garder un petit enfant dans une maison pendant deux ans, même un petit cousin, ne passait pas inaperçu en ces temps de guerre. Cela pouvait éveiller les soupçons des voisins, des visiteurs, des policiers omniprésents. La guerre durait et des questions allaient se poser. « Pourquoi reste-t-il si longtemps ici ? N'a-t-il pas de parents pour s'occuper de lui ? Sont-ils morts, sont-ils malades ? » Que dire aux autres employés du domaine qui voyaient bien qu'un enfant était arrivé ? À eux, on ne pouvait pas le cacher, et il fallait que ma présence soit la plus naturelle possible. Alors, Tante Cor et Ome Leen avaient inventé une histoire. Ils disaient que j'étais le fils d'un des cousins de Cornélia, que mon père était mort au début de la guerre et que ma mère, dépressive et de santé fragile était en maison de repos, près d'Amsterdam. Ils disaient qu'ils avaient de la chance de pouvoir m'élever, en attendant qu'elle aille mieux, qu'on écrivait à ma mère, mais qu'il était trop dangereux d'aller la voir, si loin, sur les routes incertaines et que cela ne serait pas bon, pour moi, de la revoir si fatiguée.

Les Allemands recherchaient les Juifs, partout, avec acharnement, surtout depuis la grande rafle d'octobre 1942. Ils devaient remplir les convois. Les quotas fixés devaient être respectés. Ils les cherchaient dans les villes et les villages, les maisons, les appartements, dans les greniers, dans les caves, dans la rue, sur les routes, dans les trains… Les dénonciations étaient fréquentes. Les policiers néerlandais du NSB frappaient eux aussi à n'importe quelle heure du jour ou de la nuit, pour des fouilles brutales, chez les gens soupçonnés de cacher des Juifs.

J'avais donc reçu des consignes très strictes sur la conduite à tenir si l'on frappait à la porte alors qu'on n'attendait personne. Dans l'escalier qui faisait un coude, Oom Robert, le frère de mon père, un oncle que j'aimais beaucoup et qui était très bricoleur et astucieux avait fabriqué une sorte de double cloison habilement dissimulée, surplombée par des étagères couvertes de livres, sous lesquelles se trouvait un espace réduit où je pouvais entrer et me lover. En cas de visite inopinée, je devais me précipiter dans l'escalier et me tapir là-dedans, sans faire le moindre bruit. Si j'étais capable de garder le plus grand silence, personne ne pouvait soupçonner que j'étais là. Avec obéissance, résignation, application et surtout pour faire plaisir à Tante Cor, qui, lorsque pareille frayeur arrivait, me récompensait avec des bonbons une fois le danger écarté, je partais me cacher à toute vitesse, le cœur battant, avec cette prescience de la responsabilité qui pesait sur mes épaules et qui me permettait de rester immobile et silencieux le temps qu'il fallait. Je ne devais jamais sortir de ma cachette avant que Tante Cor ne vienne me chercher, en me traitant comme un héros de Karl May !

La cachette a servi plusieurs fois. Un soir, par exemple, où un filet de lumière passait par la fenêtre alors que le couvre-feu le plus strict devait être respecté en raison des attaques aériennes, un soldat allemand qui faisait une ronde avait frappé pour nous intimer l'ordre d'éteindre toutes les lumières. D'autres fois, c'était des gens des villages voisins, faisant du troc de maison en maison, pour échanger les chaussures ou les vêtements d'un mort contre des pommes de terre, des œufs, du lait… Ou alors, de fausses alertes, des messagers de mes parents apportant une lettre, des amis d'Ome Leen…

Oom Marco les accompagnait quelquefois. Il avait toujours quelque chose pour moi, un bonbon, un soldat de plomb, une image, qu'il me donnait en me prenant sur ses genoux. Il me parlait à l'oreille, à voix basse, de mes parents et de mon petit frère Amiel qui était caché tout près de là, chez Baasje, un fermier auréolé d'une couronne de cheveux blancs et moussus dansant autour d'une calvitie parfaitement circulaire qui me fascinait. Il avait lui-même cinq ou six enfants. Amiel passait presque inaperçu. Baasje travaillait aussi sur les terres d'Oom Marco. Pour aller voir Amiel, il aurait suffi que je passe le petit pont qui traversait la rivière où j'aimais attraper des grenouilles, près de la maison. Je le savais et j'allais quelquefois me promener par là, errant dans le sous-bois, hésitant entre l'envie de traverser et l'interdit qui m'en avait été fait. Je marchais près du pont en regardant de l'autre côté, pour être ainsi un peu avec mon frère, que je ne connaissais pas, mais c'était mon frère !

Je n'ai jamais passé ce pont.

Quand les amis d'Ome Leen arrivaient, Tante Cor me mettait au lit plus tôt que d'habitude et me lisait encore plus d'histoires. En bas, se tenait une réunion. De quel groupe de résistants Oom Marco et Ome Leen faisaient-ils partie ? Je ne l'ai jamais su exactement. Ils aidaient des Juifs à passer en Angleterre, ils leur procuraient des papiers, préparaient des sabotages, recevaient des armes et se débrouillaient pour que leur famille et leurs proches, comme les gens qui les cachaient, aient toujours de quoi manger.

Les soirs où Oom Marco venait, j'éprouvais des difficultés à m'endormir, car il apportait avec lui le monde extérieur, chargé d'une angoisse que je percevais sans la comprendre, et cela me perturbait sans doute. Au matin, quand je me réveillais, tout le monde était reparti.

Il fallait toute la douceur et l'attention de Tante Cor pour me faire oublier les moments difficiles où je devais me cacher. Quand je pense à elle dans ces moments-là, je la vois illuminée comme sur les images pieuses des saintes. C'était une belle femme, assez grande, avec d'épais cheveux bruns, courts et crantés, un peu rebelles, des pommettes hautes et de grands yeux profonds. Elle s'habillait avec simplicité. Il y avait entre elle et Ome Leen une sorte de complicité silencieuse. J'aimais ces matins qui semblaient paisibles, quand, sur la grande table de la cuisine, elle prenait ses travaux de couture pendant que, dans un coin, près de la fenêtre, devant le petit miroir accroché au mur, Ome Leen aiguisait son rasoir sur une lame de cuir, barbouillait ses joues et son menton de mousse avec le blaireau et se rasait avec application. J'aimais le crissement de la lame sur le cuir, la netteté de la peau que le tranchant avait adroitement effleuré, et la douceur avec laquelle il nous embrassait, Tante Cor et moi, le visage imprégné de l'odeur sucrée du savon à barbe. Il sortait ensuite pour vaquer à ses occupations dans le domaine.

Dès mon cinquième anniversaire, en mars 1944, Tante Cor commença à m'apprendre à lire, à compter, à jouer aux dames et à chanter. Souvent, je l'accompagnais au poulailler et dans le jardin, derrière la maison où elle avait planté des pommes de terre et quelques légumes. J'avais mon petit carré de potager et je passais beaucoup de temps à observer les lombrics, les coccinelles ou les fourmis ; mais elle ne voulait pas que je reste trop longtemps seul dehors. Depuis mon arrivée en mai 1943, les jours coulaient ainsi pour moi, entre les interdits doucement imposés auxquels je ne dérogeais pas et une multitude de joies infimes, de tressaillements, de tendresse et de qui-vive.

Il m'arrivait aussi de retrouver une petite voisine, plus âgée que moi, Antje. Elle était trisomique et je crois que j'aimais sa gaîté désordonnée. Nous jouions ensemble et nous adorions nous cacher. Je l'entraînais dans mes jeux. Elle était docile et n'avait peur de rien. Un soir, cependant, tout le monde nous chercha très longtemps. Je ne sais pas ce qui m'était passé par la tête, pour me cacher ainsi avec Antje. Nous entendions les appels, mais nous étions tellement bien, blottis l'un contre l'autre, tous les deux, derrière la grande porte d'entrée du domaine, que nous ne répondîmes pas. Je lui avais appris à rester immobile et silencieuse à mes côtés, comme on m'avait si souvent recommandé de le faire. Si elle y parvenait plus longtemps que moi, je lui donnais un bonbon pour la récompenser. J'aimais la chaleur et les formes de ce corps féminin, que je caressais, comme on peut le faire à cinq ans, gauchement, naïvement et tendrement. Quand Ome Leen nous retrouva, juste à la tombée de la nuit, le soulagement qu'il éprouva gomma la faute de nous être cachés si longtemps sans rien dire. D'ailleurs, pourquoi se cacher serait-il soudain devenu une faute ?

Voila la vie que je menais, depuis mai 43 à Clinghendaal, jusqu'au jour où la police fit irruption dans la maison.

La dénonciation

À Clinghendaal, dans la porte de la maison, il y avait une boîte à lettres et le facteur passait tous les jours. J'aimais regarder son bel uniforme par la fente où il glissait le courrier, car je n'avais pas le droit de sortir seul devant la maison, sauf exceptionnellement, quand Tante Cor était sûre qu'aucun étranger ne rôdait alentour. Avec le facteur, nous avions un rituel. Il me connaissait parce qu'il distribuait aussi le courrier chez Boer Kool chez qui je vivais avant d'arriver à Clinghendaal. Il savait que je le guettais derrière le clapet quand il arrivait et chaque fois il me disait, en jetant le courrier dans la boîte : « Salut, Micha ! »

Je ne répondais pas.

Mais un jour de l'automne 1944, avait-il parlé plus fort que d'habitude, quelqu'un, un voisin, une voisine, l'avait-il entendu m'appeler Micha et non pas Daantje ? Était-il responsable de ce qui allait suivre, ne l'était-il pas ? Le fait est que, ce jour d'automne-là, nous avons été dénoncés.

Dans la soirée, quatre policiers hollandais en uniforme firent brutalement irruption dans la maison, sans frapper, de sorte que je n'eus pas le temps de rejoindre ma cachette. D'ailleurs, j'étais déjà couché, je m'endormais. Ils se répartirent dans les pièces, au rez-de-chaussée, à l'étage. L'un d'entre eux braqua sur moi sa lampe-torche. J'ai distingué son uniforme et j'ai cru que c'était un facteur. Je n'ai pas eu peur, parce que les facteurs avaient toujours été gentils avec moi. Ils devaient être bien renseignés car ils avaient attendu que nous soyons tous là pour nous arrêter. Seule Pauline, la nièce de Tante Cor, était absente.

Ome Leen, Daan et Jan partirent à pied, menottés, encadrés par deux policiers. Tante Cor et moi fûmes amenés en voiture au poste de police de Wassenaar. Pendant le trajet, Tante Cor me poussait contre la portière. Je sais aujourd'hui qu'elle attendait l'occasion d'un arrêt pour sauter et s'enfuir avec moi. Mais, surveillée de près par le policier assis à ses côtés, qui avait repéré son manège, elle ne put rien tenter. D'ailleurs, où serions-nous allés, traqués par les policiers ?

Ome Leen nous rejoignit plus tard, dans la nuit. Nous étions tous les trois dans la même cellule. Une pièce nue, borgne, étroite et haute. La lumière était pâle, distillée par un plafonnier central où transparaissaient des cadavres de mouches. Le lit métallique grinçait. Je m'allongeai sur la couverture râpeuse, sans réfléchir. Je demandai à Tante Cor de me raconter une histoire, comme d'habitude, le soir. Malgré l'étranglement de l'angoisse, persuadée que j'allais être déporté et eux fusillés sur place sans tarder, comme ceux qui étaient dénoncés parce qu'ils cachaient des Juifs, elle eut le courage de me raconter, assise sur un tabouret affreusement inconfortable, la plus belle histoire d'Indiens que j'aie entendue de ma vie. Jamais elle n'a pu se la remémorer. Elle se souvenait seulement des prières qu'elle avait adressées à Dieu durant les trois jours et les trois nuits de notre détention, pour que nous en sortions vivants.

Daan et Jan furent amenés directement à la prison de Scheveningen, près de La Haye, où tant de résistants furent torturés et exécutés. Ome Leen y fut transféré lui aussi, et deux jours plus tard, ils furent placés tous les trois contre un mur, face à une mitrailleuse.

Ils attendirent longtemps ainsi, face à leur destin qui allait s'achever, là, entre ces quatre murs où les traces des exécutions de la veille n'avaient pas été effacées. Je ne peux pas imaginer ce qu'ils ont enduré à ce moment-là, dans cette cour fermée où l'arme froide attendait, ferraille mortelle et immobile, la ceinture de balles pendante, comme une langue assoiffée de sang, qu'un officier arrive, s'en saisisse et les tue, immédiatement, sans sommations.

Après une durée qu'ils n'ont jamais pu estimer par la suite, un officier allemand est arrivé, s'est approché de l'arme, les a regardés un moment et leur a dit simplement que l'Allemagne allait perdre la guerre et qu'il avait décidé de les libérer. Il leur a donné son nom, les a priés de s'en souvenir pour témoigner en sa faveur, un jour, peut-être, si cela s'avérait nécessaire. Nous devions être en septembre ou octobre 44. C'était une période tellement trouble et dangereuse ! Les Allemands subissaient de lourdes pertes et sentaient le vent tourner. Tout le monde s'informait, comme il le pouvait, sur la progression des Alliés en France, en Italie, en Belgique… alors que des convois quittaient encore Westerbork et que des rafles avaient encore lieu. Beaucoup de Hollandais qui avaient collaboré retournaient leur veste. Il était difficile de savoir à qui faire confiance et où aller. Ome Leen, Daan et Jan avaient miraculeusement bénéficié du doute, de la culpabilité et du découragement extrême d'un Allemand qui avait eu un éclair de conscience et ne les avait pas assassinés.

Tante Cor et moi avons été libérés le même jour par la femme du commissaire, puis reconduits en voiture du côté de Wassenaar, dans une autre ferme où Daan, Jan et Ome Leen devaient nous rejoindre peu de temps après. Nous sommes restés là quelques jours, le temps de trouver un nouvel asile, car Wassenaar était infesté d'Allemands.

La Haye

Nous ne pouvions pas retourner à Clinghendaal, où nous avions été trahis… À la Haye, Ome Leen avait un frère, Ome Yakob, qui accepta de nous accueillir. Nous n'avions pas de voiture, alors nous sommes partis sur la route avec une charrette tirée par un cheval. Dans ces conditions, c'était un assez long voyage et nous croiserions sûrement des barrages de policiers et de soldats. C'est pour cela que Tante Cor avait imaginé de me cacher dans un coffre à bagages posé sur la remorque. Quelqu'un devait même être assis dessus ! Étais-je mal installé ? Le voyage fut-il long ? Je ne m'en souviens absolument pas. Je revois simplement les bonbons qu'elle me glissait par une fente, pour que je reste sage, tranquille et silencieux. Pour moi, elle avait l'art de transformer les cauchemars en rêves.

Greta, la femme d'Ome Yakob, était allemande. Elle travaillait comme gardienne dans une banque. Elle aussi avait accepté de prendre le risque de nous accueillir, Tante Cor, Daan, Pauline et moi dans son appartement, situé dans la banque même.

Là encore, nous avions mis au point le scénario du pire, au cas où des Allemands viendraient fouiller la banque. Nous avions prévu, s'il y avait un danger, de nous cacher dans un coffre-fort, que nous avions testé et bien identifié.

Là encore, nous avons eu la visite inopinée, tant redoutée des Allemands. Nous nous sommes précipités, Daan et moi, dans le coffre et Greta nous a enfermés, gardant les clés dans son corsage. Le coffre était haut et étroit. Je pouvais tenir debout, Daan était courbé, il ne pouvait ni s'asseoir ni s'accroupir. Nous gardions le plus parfait silence, immobiles, retenant le moindre souffle, l'un derrière l'autre. J'étais devant. Daan tenait fermement mes épaules, pour me donner confiance, me protéger, me signifier qu'avec lui, je ne risquais rien. Les Allemands fouillèrent toute la maison, puis la banque. Campés face aux grands coffres, ils demandèrent à Greta de les ouvrir. On entendait très clairement leurs ordres. Le moindre bruit de notre part aurait révélé notre présence. Greta leur dit qu'elle n'avait pas de clés ! Que seul le directeur pouvait accéder aux coffres, qu'elle ne savait pas où il habitait, pour éviter justement les hold-up! Greta était allemande et son récit leur parut d'autant plus crédible. Ils continuèrent à discuter un moment, fouillèrent encore, mais avec moins de conviction, puis repartirent. Greta nous ouvrit prudemment la porte. Nous avions eu beaucoup de chance. Elle nous avait sauvé la vie.

J'ai revu récemment Lida, la fille de Daan, et Henk son mari, venus me rendre visite ici, en France, chez moi. Son père lui avait raconté ce moment où tout pouvait basculer. Il lui avait dit sa propre peur et la mienne, ma sueur et mon pantalon trempé d'urine, que je n'avais pas pu retenir.

Après ces moments de peur intense, je dormais longtemps, épuisé par l'effort du silence vital, effort considérable pour un enfant. Comment, si jeune, avais-je conscience du danger, comment ai-je réussi à ne pas pleurer, à rester immobile et à me taire ?

Dans cette maison de La Haye, juste après la descente des Allemands, Oom Marco était venu me voir. Assis sur les marches de l'escalier qui montait aux chambres, il m'avait pris la main et m'avait réconforté. Il me dit que j'avais été très courageux. Il me parla de mes parents, de mon petit frère, de toute ma famille que je reverrais bientôt et qui serait si fière de moi. Il m'avait donné des petits cadeaux qui me comblaient de joie et il riait avec moi, simplement, assis sur ces marches.

Il était là !

C'est dans cette maison de La Haye que nous avons fêté la Saint-Nicolas, le soir du 5 décembre 1944, dans une Hollande coupée en deux. Le sud était en partie libéré et les habitants voyaient passer les ennemis vaincus rentrant chez eux, en camions militaires, en voitures civiles, en longues files à pied, mais à La Haye, à cinquante kilomètres de là, la peur régnait encore. Au centre, à Utrecht ou à Amsterdam, et au nord aussi, la situation était toujours et même de plus en plus dramatique, car la famine se faisait réellement sentir. Les gens mangeaient des bulbes de tulipe pour survivre !

Mais Santa Klaus et Zwarte Piet étaient quand même venus ! Santa Klaus avait revêtu son grand manteau rouge de voyage. Le Père fouettard tenait un grand sac et un martinet, pour me punir au cas où je n'aurais pas été sage… Petit, barbouillé de charbon, couvert de haillons, il m'effrayait. Santa Klaus portait un livre doré avec les noms des enfants sages et un livre noir avec la liste de ceux qui avaient fait des bêtises… Il parlait à voix basse avec Zwarte Piet qui me regardait en roulant de redoutables yeux noirs, en ouvrant et refermant son grand sac. Ils devaient décider de mon sort : le sac et les coups de baguette, ou alors les bonbons… Je n'en avais rien dit mais dans les yeux de Santa Klaus, il m'avait semblé reconnaître Tante Cor et les yeux de Zwarte Piet ressemblaient à ceux de Pauline ! Mais je n'en étais pas sûr.

Finalement, ils ne m'avaient pas mis dans le sac. Ils m'avaient donné des bonbons.

La cave

La situation de La Haye en cette fin d'année 44 était terrible. Entre zone libérée et zone occupée, pris entre les tirs isolés et les bombardements, les soldats allemands étaient plus agressifs que jamais. Nous étions encore en grand danger dans cette ville. Comment ? Je ne sais plus, mais nous sommes retournés près de Wassenaar, dans une autre ferme, chez d'autres personnes que connaissait encore Oom Marco, sûrement. Il y avait un jardin. Je me rappelle que les avions anglais qui allaient bombarder l'Allemagne passaient au-dessus de nos têtes. Ome Leen me prenait dans ses bras et sortait dans le jardin pour les voir passer en me disant à l'oreille que la libération n'était pas loin. Ils volaient bas, énormes, dans un vacarme monstrueux, le vacarme de l'espoir. Je regardais, fasciné, émerveillé, ces machines volantes qui ne lâchaient pas de bombes sur nos têtes. On entendait aussi les tirs ennemis, tout près. Dans cette nouvelle maison, je revois surtout la trappe, dans la cuisine. Elle était très bien dissimulée sous la table et je pouvais l'atteindre seul. Chaque fois que quelqu'un frappait, Tante Cor l'ouvrait et je descendais à toute vitesse, par une sorte d'échelle très raide, dans une vaste cave sombre comme un tombeau, exactement comme dans les pires cauchemars des enfants. Je devais attendre un moment pour que mes yeux écarquillés parviennent à capter la faible lueur venue d'un soupirail. Alors, je me faufilais entre quelques formes effrayantes que modelaient des tonneaux, des étagères, de vieux meubles, des casiers à bouteilles et des bûches empilées. Une forte odeur de forêt, mais plus âcre, plus piquante, emplissait mes narines, la terre, le bois, le salpêtre, les champignons… Il n'y avait aucun bruit.

Oui, dans ce lieu-là, j'avais vraiment peur. Je tâtonnais autour de moi, haletant et perdu, cherchant un contact familier qui m'aurait rassuré, dans cette pénombre moite qui me semblait immense. J'avais promis à Tante Cor de ne pas faire plus de bruit qu'un ver de terre. J'entendais les pas et les voix des visiteurs sur le plancher au-dessus de moi.

J'étais certain qu'ils entendaient l'incontrôlable pulsation de mon cœur qui crevait ma cage thoracique. Ma peur était ainsi deux fois plus froide, deux fois plus grande, la peur du noir souterrain et la peur de trahir ma présence… Heureusement, je ne suis jamais resté longtemps dans cette cave.

Il y eut un jour où Tante Cor n'eut pas le temps d'ouvrir la trappe. Quelqu'un était entré lourdement, sans frapper, un homme qui venait réparer le fourneau, je crois. Le placard de la cuisine était ouvert. Prise de court, elle m'y avait poussé et avait vivement refermé la porte. Je pouvais voir l'homme à travers une petite vitre. Lui aussi vit mes yeux, soudain. Nous nous sommes fixés, sans ciller. Moi, comme un animal traqué, acculé dans son terrier, et lui, stupéfait, ne sachant que penser, se croyant l'objet d'une hallucination, ou alors conscient de la frayeur dont il était responsable et désireux de ne pas l'amplifier. Cela m'a semblé long, très long. Il ne fit rien, ne dit rien et repartit. Je n'en entendis plus jamais parler. Encore aujourd'hui, en l'évoquant, je ressens la violence soudaine et immobile de ce regard.

Empreinte

J'allais avoir six ans. Je prenais réellement conscience de la peur. Je lui donnais son nom. La présence de tout inconnu était un danger pour moi et, sans discernement, j'utilisais la seule défense dont j'avais la maîtrise, je me cachais. Instinctivement, je sombrais dans le mutisme. Comme ce jour-là, juste après la guerre. Nous avions pu retourner à Clinghendaal, dans notre maison. Oom Marco était venu nous rendre visite avec des amis depuis longtemps perdus de vue, depuis peu retrouvés. Ces gens-là parlaient fort, riaient, se bousculaient. Je ne les avais jamais vus. L'un d'eux était en uniforme. Avant qu'ils ne me voient et en moins d'une seconde, je plongeai sous le canapé près duquel je me trouvais. L'espace était exigu, poussiéreux. Je transpirais. Oom Marco et Tante Cor m'appelèrent puis pensèrent que j'étais sorti retrouver Antje. Assis sur le canapé, ils parlèrent longtemps et bruyamment avec leurs amis. J'étais à l'abri, je les écoutais, immobile, silencieux, transparent.

Lorsque je sortis de là, après le départ des amis d'Oom Marco, j'étais couvert de poussière. Le silence enfin revenu dans la pièce me rassérénait, mais je me sentais malheureux. Tante Cor était allée me chercher chez Antje. Quand elle revint à la maison, j'étais assis sur le canapé. Elle vit mes yeux, mes larmes, mon désarroi. Elle comprit. J'enfouis ma tête dans ses bras réconfortants. J'entendais battre son cœur rassurant. Elle me dit que la guerre était finie. Que je ne devais plus avoir peur. Mais le combat commençait à peine. L'empreinte était en moi, pour toujours.

Fin de guerre

La région de Wassenaar fut libérée plus tôt que celle d'Oss, où mes parents se cachaient. À Amsterdam, il faudrait attendre mai 1945. Mais Tante Cor et Ome Leen purent revenir à Clinghendaal avec moi, en attendant que mes parents puissent nous rejoindre sans risque. Je retrouvais Antje, avec laquelle je pouvais jouer librement, à présent. Petit à petit, je m'accoutumais à l'idée que je pouvais sortir dans le jardin en courant sans demander la permission, ouvrir grand la fenêtre sans me soucier d'être vu par les gens qui passaient devant la maison, laisser la porte ouverte, marcher seul sur le chemin, apprendre à faire du vélo…

Mais la guerre avait imprimé sa marque et j'étais devenu inquiet, méfiant, souvent triste, surtout lorsque quelqu'un s'interposait entre Tante Cor et moi. On me disait timide, pour simplifier.

Tante Cor était la seule à savoir et à comprendre exactement ce que je ressentais. Ce que j'avais vécu, elle l'avait vécu avec moi. Seul avec elle, je pouvais vivre, chanter et rire. Elle était la seule à m'écouter vraiment, me parler, me laver, me nourrir, m'aider, m'apprendre tout ce que je ne savais pas, en toute circonstance. Une seule fois, elle n'a pas été là. Un jour de pêche à la grenouille. Il y en avait beaucoup dans la rivière près de la maison. Un matin, alors que je les observais, penché au dessus de la berge, je basculai dans l'eau. J'étais affolé car je ne savais pas nager. J'avais peur du fond invisible et je glissais sur les pierres vaseuses en tentant de sortir de là. Alors que n'importe quel enfant de mon âge aurait crié « Maman ! Maman ! », je criai « Tante Cor ! Tante Cor ! ». C'est une voisine qui est venue me tirer de là, trempé et endolori. J'aurais pu me noyer. « Et après avoir passé plus de trois ans à te cacher pour avoir la vie sauve, cela aurait été tellement stupide, juste au moment où je n'étais pas là… » répétait Tante Cor, bien des années plus tard.

C'était une drôle de période. Très agitée, triste et gaie à la fois. La famille Kloppenburg comptait de nombreux frères et sœurs. Ils étaient dix, je crois. Il y avait des oncles, des tantes, des cousins, les jumeaux, Daan et Henk. Pas un jour ne passait sans que les uns ou les autres ne viennent nous voir. Il y avait des réunions animées, joyeuses. C'était une famille soudée.

L'anniversaire de mariage de Tante Cor et Ome Leen eut lieu pendant cette période-là. Vingt-cinq ans. Fêtés dans la joie de la paix nouvelle et des retrouvailles. Au milieu de cette effervescence, pourtant très occupée par sa famille, ses petits neveux, les repas, la maison, le jardin, Tante Cor ne m'oubliait jamais. Elle m'avait confectionné un uniforme de soldat, de couleur verte avec des boutons dorés, des galons, des décorations sur le torse, sur les épaules et une casquette. Elle aimait tant que je le porte et que je marche à côté des vrais soldats qui étaient hébergés près de chez nous ! Moi aussi, j'étais fier de ressembler à un homme, à un combattant et surtout, de voir ses yeux admiratifs !

Il y avait un zoo, à Wassenaar. Pendant la guerre, Tante Cor me disait que nous irions voir les animaux exotiques quand les Allemands seraient partis. Elle avait appris qu'un chimpanzé était arrivé ! Alors, nous sommes allés le voir avec des cacahuètes !

Une fragile insouciance renaissait. Ome Leen avait commencé l'élevage de pigeons voyageurs. Gita, le colley fidèle avec lequel il se promenait dans les bois, une pie qui avait volé le dentier de Tante Cor posé sur le rebord de la fenêtre au soleil, le chimpanzé et les pigeons peuplaient généreusement nos conversations. Ces quelques semaines dans Wassenaar libéré furent chargées d'émotions extrêmement fortes, avec des nouvelles bouleversantes et des retrouvailles euphoriques.

Autour de nous, les gens riaient, pleuraient, s'embrassaient, se vengeaient, se jugeaient… Lors d'une promenade au bord d'un petit canal, à Maassluis, nous avions vu la foule hurlante et gesticulante qui insultait des femmes. Elles étaient maintenues assises sur une petite estrade. Quantité de cheveux traînaient à leurs pieds. Leurs crânes tondus mettaient en pleine lumière leurs yeux noyés de larmes, alors que leurs bourreaux, des gens tout à fait ordinaires, nos voisins, triomphaient.

Dans le tohu-bohu de ces événements, petits ou grands, mesquins et généreux, la vie recommençait.

Il fallut attendre mai 1945 pour que les Pays-Bas soient entièrement libérés.

Quand je dus revenir habiter avec mes parents, à Amsterdam, ce fut comme si je quittais ma famille pour vivre avec de nouvelles personnes. Je n'avais pas revu mon père depuis la fin 42 et ma mère ne m'avait pas manqué. Je la connaissais si peu. Je découvris aussi qui était mon frère, de deux ans mon cadet. C'est à ce moment-là que j'appris qu'il était aveugle d'un œil. Cette infirmité allait accaparer toute l'attention de ma mère et je crois bien que j'en fus immédiatement jaloux.

En septembre 1945, je fis ma première rentrée scolaire à Amsterdam. J'avais six ans et demi. Tante Cor m'avait appris à lire et à écrire. Je me souviens que mon père en était très fier. Il estimait beaucoup Tante Cor. Il disait qu'elle avait une tête bien faite.

Mon père

J'ai commencé à découvrir qui était mon père à ce moment-là. C'était un homme de réflexion, d'étude, de lecture. Un intellectuel. Lunettes cerclées de métal, grand front, cheveux en arrière. D'apparence calme, il pouvait être coléreux parfois, mais il avait beaucoup d'humour et un fort charisme. Les gens l'aimaient. Les gens l'écoutaient. Dans notre maison retrouvée, après la guerre, il réunissait famille et amis pour le shabbat. Malgré la tristesse infinie qui s'était emparée d'elle et qui ne la quitterait plus jamais, ma mère trouvait, comme avant, pour lui, le courage de préparer de belles tables, aidée de Käthe, une Allemande qui travaillait chez nous. Mon père nous faisait chanter des zémiroth, les prières pour le shabbat, *Chalom 'aleikhem, boakhem le-chalom, borekhouni le-chalom, tsèthkhem le-chalom* pour accueillir les anges qui venaient nous bénir. Nous priions pour tous les disparus. Ces moments-là, autour de la grande table recueillie, sont devenus inoubliables.

Il nous prenait souvent sur ses genoux, Amiel et moi, pour nous raconter des histoires, des contes qu'il traduisait, ou d'autres, qu'il inventait. Il nous parlait en hollandais, mais aussi en yiddish, en allemand, et il nous apprenait l'hébreu.

Il travaillait beaucoup. Je le revois dans son bureau, marchant de long en large, dictant ses textes, battant la mesure de ses pensées, comme pour leur donner plus de force, avec un ouvre-boîte en métal, l'un de ces instruments qui permettaient d'enrouler le couvercle des conserves autour d'un manche grâce à une languette de fer-blanc. L'ouvre-boîte dans la main droite, il s'en frappait la paume de la main gauche, ou divers objets placés à proximité. Je revois bien cette manie qu'il avait.

Il était rabbin. Imprégné de théologie et de philosophie, du Talmud[12], du Midrash[13].

---

12 Enseignement rabbinique de la loi orale mise par écrit et qui comprend la Mishna (enseignement des règles) commentée par la Guémara.

13 Méthodologie d'interprétation. De la racine

L'oralité passait avant l'écriture, comme la transmission du Talmud passe de la parole à l'écriture ; comme la transmission du maître à son disciple passe par la répétition, la mémoire, et met le savoir à l'abri de l'oubli et de l'anéantissement. Aussi, il n'écrivait pas lui-même. Il pensait à haute voix et dictait à ma mère ou à une personne de la communauté venue l'aider dans son travail, des textes qu'il publiait ou qu'il reprenait dans ses prêches à la synagogue.

Mais ses centres d'intérêt n'étaient pas seulement théologiques. Il aimait lire Kafka, Dostoïevski et les penseurs et leaders sionistes comme Martin Buber. Tous les matins, après s'être rendu à pied à la synagogue pour mettre ses téfillins[14], il lisait le journal, en commençant par la rubrique nécrologique. La vie sociale de la communauté l'intéressait beaucoup. Il aimait réconforter les gens et donner. Donner du temps, aider les autres.

« scruter », le Midrash veut lier tradition orale et texte écrit, et cherche à ouvrir un verset sur une lecture multiple à caractère moral ou philosophique.

14 Boîtiers de cuir que les fidèles attachent sur le bras gauche et sur le front lors de la prière du matin. Ils contiennent des versets bibliques relatifs à l'unité de Dieu et à la sortie d'Egypte.

En tant que rabbin, il rendait visite aux prisonniers juifs et lorsqu'il acheva ses études d'avocat, après la guerre, il lui arrivait souvent de défendre ceux qui n'avaient pas d'argent. L'un d'entre eux lui vouait une telle reconnaissance qu'il venait le remercier toutes les semaines à la maison. Comme il ne partait jamais, mon père était obligé de le ramener à l'arrêt du tram et de l'y faire monter.

Mon père est mort le 10 décembre 1979, à Amsterdam, d'un accident cérébral fulgurant, alors qu'il donnait une conférence internationale sur le philosophe Franz Rosenzweig[15]. Dans une revue spécialisée sur le dialogue interreligieux, le pasteur Willem Zuidema lui avait rendu hommage. Il écrivait dans son article que, juste avant de mourir, il avait dit à plusieurs reprises : « *Nous n'avons plus beaucoup de temps, je voudrais dire quelque chose* », comme s'il pressentait sa fin imminente. Soudain, il s'était écroulé. Il avait soixante-quinze ans.

---

15 Franz Rosenzweig est un philosophe et théologien juif allemand (1886-1929). Son œuvre maîtresse : *L'Étoile de la rédemption* (1921). Le judaïsme et le messianisme sont très présents dans son œuvre.

J'en avais quarante. D'Angleterre où je me trouvais, je gagnai Amsterdam au lendemain de ce décès brutal. J'allai me recueillir longuement près de lui. On l'avait allongé sur la grande table de la salle à manger. Son visage était recouvert du drap blanc qui enveloppait tout son corps. Je n'osais pas le soulever pour le contempler une dernière fois. J'étais là, assis, infiniment triste. Nous avions connu tellement de joies autour de cette grande table ! Mon père y posait les grands livres sortis de sa bibliothèque, c'est là qu'il étudiait avec Bibi, le chat siamois, qui s'allongeait sur les pages ouvertes. C'était une table en chêne massif que ma mère avait achetée chez un antiquaire, ainsi que les chaises très lourdes qui l'entouraient, tournées dans la même veine. Les autres meubles et objets de la pièce, de toute la maison d'ailleurs, avaient été choisis par ma mère à qui la maison devait toute son âme. Il y avait une petite table en marbre blanc, où étaient posés les objets rituels, un petit buffet en bois tourné, où était rangée la vaisselle et un gramophone où nous écoutions Dzigan et Schumacher qui nous faisaient tellement rire ! C'est dans cette pièce que ma mère dressait la table du shabbat, servait les repas de fête, recevait la famille, les amis, les hôtes de passage. C'est là que se consolidaient les amitiés, que se déployaient les conversations, que s'enracinait notre culture. On y vivait, on y riait. Cette pièce où je me recueillais devant la dépouille de mon père, avait été illuminée par le bonheur de mes parents.

Quand je t'en parle, j'entends leurs voix.

Amsterdam, octobre 1945

« Bonjour Monsieur König, puis-je vous parler ? Votre femme est-elle ici ?

– Bonjour, Ome Leen ! Que se passe-t-il ? Entrez, entrez ! Comment va Tante Cor ?

– C'est pour elle que je suis là, Monsieur König. Elle va très mal. Voilà trois jours qu'elle ne sort plus de la maison et qu'elle pleure continuellement. Elle ne dort plus, ne mange plus. Elle dit qu'elle veut mourir ! Le docteur est très inquiet. Il parle de mélancolie. Il a peur pour elle. Depuis le départ de Micha, elle se laisse dépérir, comme si la vie n'avait plus aucun sens. Alors, je suis venu vous demander s'il pourrait revenir quelque temps auprès d'elle.

– Attendez, Ome Leen, je vais chercher ma femme, restez là, je reviens tout de suite ».

Mon retour chez mes parents fut un déchirement pour Tante Cor.

Bien que prévisible et annoncé, mon départ de Clinghendaal avait été d'une implacable réalité, avec ce que cela comportait d'irrémédiable pour Tante Cor qui pourtant savait bien qu'un jour, je rentrerais dans ma famille. Mais elle n'avait pas eu le temps de s'y préparer vraiment, ni la volonté de s'y résoudre, d'y penser suffisamment et peut-être n'avait-elle pas mesuré la force du lien que nous avions tissé ensemble.

Tout d'abord, elle ne le montra pas, mais elle ne supporta pas longtemps l'abîme dans lequel mon absence allait plonger sa vie. Désemparé par ce vertige si puissant, Ome Leen avait dû vaincre sa réserve et sa pudeur, pour frapper à la porte de mes parents et demander à une mère ce qui peut sembler impossible : qu'elle se sépare de son fils, depuis peu retrouvé après deux ans d'infernales angoisses, ce fils que doucement, elle recommence à apprivoiser, si coupable de l'avoir abandonné à l'inconnu et si heureuse de l'avoir sauvé.

Que fut réellement cette conversation entre mon père et ma mère, pendant qu'Ome Leen attendait, seul, dans notre vaste salon, la réponse à une requête qu'il lui avait été si difficile d'exprimer, mais dont dépendait la vie de sa femme ? Quel écho ma mère avait-elle perçu, remontant de sa propre histoire, elle qui avait été confiée très jeune à son oncle qui l'avait amenée avec lui, par-delà les frontières, avec l'assentiment de ses parents ? Mon père et ma mère savaient que si Ome Leen, habituellement si réservé sur ses sentiments personnels, était venu jusqu'ici, avec cette espérance que Micha reviendrait, c'est que Cornélia devait être au plus mal. Aujourd'hui, leur fils était là, vivant, grâce à eux. Cornélia avait pris soin de lui au moment où il en avait le plus besoin. S'ils pouvaient aujourd'hui, à leur tour, lui redonner le goût de la vie, cette vie qu'elle et Ome Leen avaient risquée pour lui, alors, aucune hésitation n'était possible.

De la même manière que Tante Cor et Ome Leen avaient pris ensemble la décision de me recueillir en 43, mon père et ma mère prirent ensemble et simplement la décision de mon retour à Clinghendaal. Non pas pour régler une dette, ni par obligation. Ils avaient compris que le manque ressenti par Tante Cor pouvait la détruire. Ils avaient compris dans quel désarroi se trouvait Ome Leen et avaient consenti à mon nouveau départ.

Voilà comment je repartis vivre à Clinghendaal, en octobre 1945.

Je sentais bien, au fond de moi, que je ne devais rien en montrer à ma mère… et je n'en montrai rien, mais j'étais heureux d'aller retrouver Tante Cor.

Je me rappelle m'être blotti contre Ome Leen, pendant le voyage qui me ramenait à elle, une fois de plus, comme le soir de mai 43, au ciel rougeoyant, où il était venu me chercher à bicyclette, chez Boer Kool, pour me conduire à Clinghendaal.

Des adieux à mon frère, à mes parents, je ne me souviens pas.

De l'école de Wassenaar non plus. Ou vaguement. J'étais pourtant le « nouveau » dans ma classe, mais rien n'affleure dans ma mémoire. Comme si, tout danger imminent écarté, la vie était devenue lisse, sans aucune de ces aspérités qui marquent le souvenir, dans la douce tranquillité des journées protégées d'un enfant aimé. Je suis resté là toute l'année scolaire et Tante Cor me ramenait chez mes parents pendant les vacances.

De jour en jour, progressivement, elle s'acclimatait à l'idée de mon véritable départ. Elle se préparait au moment où je la quitterais pour réintégrer ma famille et commençait à pouvoir envisager ce que serait sa nouvelle vie sans moi. Sans moi à demeure, car il avait été convenu avec mes parents, pour ne pas lui faire courir le risque d'une rechute, qu'elle viendrait me voir toutes les semaines, le mercredi, quand je n'avais pas classe, et que j'irais à Clinghendaal pendant les vacances scolaires.

C'est ce que nous avons fait, jusqu'à ma seizième année.

Dans les mois qui suivirent la fin de la guerre, quand le voile se leva sur la destination des convois qui étaient partis de Westerbork et d'ailleurs, dans toute l'Europe et que de rares survivants revenaient, des photos étaient publiées, des listes de survivants étaient affichées… Mes parents y cherchaient les disparus, désespérément. Arthur, Bram, Tonie, Jaap… et tant d'autres. Dans l'impossibilité de savoir précisément ce qu'avait été leur douleur, leur torture, ils imaginaient, sans le dire, leur cauchemar. Il allait devenir le nôtre. Le mien.

La question allait se poser, toute ma vie d'adulte, m'imposant de garder le silence, comme un recueillement, et de taire mon propre destin. Qu'avais-je vécu, moi qui avais eu la vie sauve, au moment où Bram et Arthur, mes cousins étaient emportés dans les pires ténèbres ?

Ma mère parlait d'eux sans cesse. Ma présence révélait tous les jours un peu plus leur absence. Seul mon silence pouvait un peu la lui faire oublier.

Pendant toutes ces années d'après-guerre à Amsterdam, la venue de Tante Cor toutes les semaines était pour moi une grande respiration, une étincelle de vie qui me permettait de surmonter l'infinie tristesse de ma mère, dont je me croyais en partie responsable.

Tante Cor prenait le train, puis le tram, puis le bus pour venir jusqu'à moi. Elle arrivait le matin vers onze heures et restait jusqu'à cinq heures de l'après-midi environ. Elle nous amenait, Amiel et moi, au cinéma Tuchinsky, presque toutes les semaines. Un ami d'Ome Leen, un ancien résistant qui tenait le cinéma, lui vendait des billets moins chers.

Tante Cor et ma mère s'entendaient bien, je crois. Elles étaient l'une et l'autre des femmes cultivées, réfléchies, bienveillantes, dotée de cette finesse d'esprit qui leur permettait de se comprendre et de se respecter. Elles étaient unies par ma présence qui leur rappelait sans cesse, bien malgré moi, cette nécessité. À l'une j'étais lié par le sang, à l'autre par le destin qui l'avait placée sur ma route.

Lorsque je retournais à Clinghendaal, pendant les vacances scolaires, c'était une grande bouffée d'oxygène. Notre emploi du temps était bien rempli. Nous avions nos rites, le café à 10h 30 avec un peu de lait, dans la douceur d'un amour complice. Nous faisions de grandes parties de scrabble, nous jouions aux dames, nous lisions, nous allions au potager, nous allions voir les parents et les sœurs de Tante Cor... Nous parlions de tout et de rien.

C'est dans ces moments-là que j'allais avec Ome Leen et Gita, le colley, faire de longues promenades silencieuses dans les bois et que ses doigts pressaient les miens, au rythme de nos pas. J'ai gardé de cette époque l'amour des longues marches à l'abri des sous-bois, dans le silence de la nature, un chien à mes côtés.

Jusqu'à la mort d' Ome Leen, beaucoup trop précoce, en 1959, nous fîmes ces promenades.

Oom Marco Cohn mourut beaucoup trop tôt lui aussi, au printemps 1948. Il n'avait que soixante-huit ans. J'en avais neuf, à peine.

Cet homme immense, l'énergie chevillée au corps, la volonté d'en découdre avec les bourreaux nazis, avait avancé, sans cesse, suivant toujours de bonnes intuitions, grâce à un instinct du danger et de la survie et surtout un appétit de réussite que de rares hommes portent en eux. Parti de sa province rurale de Bucovine, à l'âge de vingt ans, avec un balluchon, il avait bâti, aux Pays-Bas, une des plus belles entreprises du pays, grâce à laquelle une grande partie de ma famille fut sauvée et put vivre encore longtemps.

Pendant toute la guerre, il avait fait front. Son influence, ses relations, sa réussite d'avant-guerre lui avaient permis de ne pas perdre tout ce qu'il avait construit avec sa force et son intelligence. Surtout, il avait maintenu le lien entre nous. Aux plus noires périodes de la guerre, il venait jusqu'à nous, Amiel et moi, les fils de sa fille adoptive qu'il avait emportée dans l'aventure de sa vie. Il venait dans nos familles, nous rappeler la nôtre, apportant des nouvelles, nous signifiant que nous n'étions pas seuls et qu'un jour nous serions réunis.

Sa présence physique imposante me rassurait, la confiance qu'il avait en lui m'a toujours été d'un grand secours, juste quand j'en avais besoin.

Il manquait à l'appel, le 24 mars 1952, jour de ma bar mitzvah. Nous étions nombreux autour des tables aux nappes blanches, arrangées pour le repas de fête. J'étais entouré de mes parents, bien sûr, avec mon frère, mes tantes, mes oncles et mes cousins venus d'Israël pour la circonstance. Tante Cor et Ome Leen étaient installés à une autre table. Un peu trop loin, à mon goût. Aujourd'hui, je regrette qu'ils n'aient pas été plus près de moi ce jour-là. Mais peut-être l'avaient-ils voulu ainsi, tant ils étaient simples, modestes et respectueux de la famille. Je vois là un signe supplémentaire de leur générosité. Tante Cor avait préparé un discours.

Il m'a suivi toute ma vie, je vais te le montrer.

D'une cachette dont il a le secret, Micha extirpe une petite enveloppe jaunie. À l'intérieur, cinq ou six feuilles de papier, griffées d'une fine écriture à l'encre noire. En néerlandais. Tante Cor avait écrit un poème. Là rime est là, en fin de ligne, à droite. Par endroit, une rature. Micha traduit. En français, la rime a disparu, mais tout est dit.

Le discours

« Cher Micha,

Tu avais quatre ans quand je t'ai vu pour la première fois.
Il ne nous a pas fallu beaucoup de temps pour nous habituer l'un à l'autre.
Je me rappellerai toujours du soir où tu es arrivé.
Tu étais à peine plus haut que la table, t'en souviens-tu ?
Je t'ai pris immédiatement dans mes bras et nous sommes montés, comme ça.
C'était l'heure d'aller au lit, tu sais !
Il y avait tellement de choses qui trottaient, dans ta petite tête… plus tard, j'ai compris cela.
J'ai pensé qu'une belle histoire pourrait te distraire et t'aiderait à dormir.
Tu me regardais d'un air si triste !
Alors j'ai inventé une histoire d'animaux, dans la forêt.

J'ai bien compris que j'avais touché la corde sensible, tellement tu étais captivé !
Je te racontais tout ce qui me venait à l'esprit !
Tu adorais les animaux.
Le premier jour tu m'en as donné la preuve en me faisant un cadeau.
Tu as mis dans ma main une chose humide et gluante qui bougeait, en me disant : « Tante, c'est un lombric bien gros pour toi ! »
Tu m'as également apporté des têtards !
Oh, non, avec toi je n'avais jamais aucune raison de me plaindre !
Tu avais même essayé de faire un jardin potager. Je t'entends encore me dire : « Tante, est-ce que je peux planter des pommes de terre ? Pas des petites, des grosses ! »
Te souviens-tu que chaque jour tu remuais la terre pour les chercher ? Et le jour où tu es tombé du cheval de trait, dans les orties…
Je ne savais pas comment te calmer, tu étais couvert de cloques !
Et quand tu es tombé dans l'eau et que Madame Horstmann est venue te sauver !
Oui, à Clinghendaal, il y avait toujours de l'animation…
Un soir, tu m'as fait terriblement peur.
Tu voulais nous faire une blague, alors tu t'étais caché… tu avais soudainement dis-

paru. Tout le monde s'est mis à ta recherche. Nous appelions continuellement : Daantje, Daantje ! (Daantje était ton nom de cache). Que de sueurs froides ! Mais où est ce petit diable ?
Enfin, quand on t'a trouvé ou plutôt quand tu es sorti de ta cachette, tu n'étais pas seul ! Tu étais avec la petite voisine que tu aimais bien embrasser. Derrière la porte d'une grange.
Silencieux comme des souris, vous nous regardiez vous chercher, à travers une fente. Vous trouviez cela tellement amusant !
Enfin, quand tu es sorti, tu nous as dit :
« Est-ce que je n'étais pas bien caché ? »
Oui, c'est la première phrase qu'il nous a dite.
Nous étions tellement heureux de l'avoir retrouvé ! Nous l'avions cherché plus d'une heure !
Et je pourrais continuer, comme ça à vous raconter bien des souvenirs...
Par exemple, le jour où nous avons dû le cacher dans une malle à bagages, pendant un voyage, avec un paquet de bonbons... car, à Wassenaar, il y avait une base aérienne pour le lancement des V1, et nous avions dû partir, tellement il y avait d'Allemands !

Nous étions inquiets à l'idée de le cacher dans ce coffre ! Quand nous sommes arrivés à destination, à travers une fente, je l'ai entendu me dire : « Tante ! J'espère que ce n'est pas grave... j'ai mangé tous les bonbons ! » Il avait bien profité de ce moment, finalement...
Micha, tu ne savais pas encore combien de larmes avaient été et seraient versées. Heureusement, tu étais trop petit pour te rendre compte des souffrances que ton peuple endurait.
Heureusement, tes parents ont été épargnés et toi et ton frère, vous étiez à l'abri, pour eux.
Maintenant, c'est écrit dans le Livre d'or et c'est bien comme ça.
Il y a un temps pour pleurer et un temps pour rire.
Aujourd'hui, il ne faut pas être triste, pour toi et tes parents, pour tous ceux qui te connaissent.
Tu as treize ans et c'est un jour de fête !
J'espère que tu donneras beaucoup de joies à ton père et à ta mère.
J'espère aussi pouvoir continuer à te voir souvent, même si tu fais de longues études difficiles et que tu travailles beaucoup.

Et je terminerai avec un vœu : que ta vie soit longue et heureuse et que Dieu te protège des catastrophes et des dangers. »

Amsterdam, le 24 mars 1952

J'étais à Saint-Laurent-du-Var avec ma femme Yael, à l'automne 1983, quand j'appris que Tante Cor allait mourir. Je suis revenu auprès d'elle, dans la maison de retraite où elle résidait, à Wassenaar, les dernières années de sa vie. Elle ne souffrait pas, elle perdait doucement conscience. J'étais seul à ses côtés. Seul avec elle. Dans sa chambre, j'ai veillé, ne la quittant plus, retenant mon souffle pour entendre s'éteindre le sien. Elle avait quatre-vingt-neuf ans, ce jour de printemps 1983 quand sa main, que je serrais dans la mienne, s'est abandonnée pour toujours.

Ma mère avait douze ans de moins qu'elle. Elle avait quatre-vingt-neuf ans, elle aussi, quand elle est morte, à Amsterdam en 1996.

Je te l'ai dit, ma mère ne parlait pas beaucoup. Elle n'était pas démonstrative. Je sais cependant que la tristesse qui l'avait envahie n'était pas dans sa nature première. Non. Sa nature était hospitalière et gaie. Dans les moments d'oubli des drames du passé, elle pouvait rire de plein cœur, tout à la joie de nous voir dévorer ses puddings au citron. Elle aimait faire plaisir, dresser de belles tables, cuisiner merveilleusement, nous ouvrir à de belles lectures et jouer du piano. À moi, elle apprenait des poésies. Elle ouvrait un grand livre bleu, feuilletait et s'arrêtait, au hasard. Je me souviens de celle-ci :

"À l'est, le jour se lève.
Partout, il y a de la lumière,
Comment ma bien-aimée
Ne sait-elle où je veux aller ?"

Elle m'a donné l'amour des langues, de la musique, celle des mots en particulier. Elle vérifiait mes devoirs d'école et m'aidait, surveillant mes progrès.

Mais il y avait entre nous une chose à laquelle je cherche à donner un nom, sans y parvenir, tant est subtile cette sensation. Une réserve, une distance, ces mots sont trop forts. Une retenue, une hésitation, un pas que l'on n'ose franchir alors que les regards se touchent.

C'est cela.

L'infirmité de mon frère Ami dévorait tout son temps.

Le malheur de sa sœur et de ses neveux envahissait toute son âme.

Je regrette aujourd'hui de ne pas avoir adouci ses derniers jours. Elle les a passés dans la chambre vide d'une résidence anonyme, elle qui avait vécu dans une si grande et belle maison, aux vastes pièces que toute une vie avait emplie de meubles, d'objets, de photos, de souvenirs. Je regrette mon absence à ses côtés au moment de sa mort. Je regrette que nous n'ayons jamais su construire un pont, ne serait-ce qu'un petit gué, pour aller d'une rive à l'autre de nos pensées parallèles.

Épilogue

Micha n'ira pas plus loin.

Du moins, pas de la même manière.

Il a construit une cloison étanche entre l'enfance et l'âge adulte. Ce n'est pas le même homme qui parle de l'une et de l'autre. Ce n'est pas le même ton.

Pourtant, dans nos conversations, nous nous sommes approchés de sa vie d'adulte, sans y entrer, restant à la frontière, à la surface. Il me racontait son enfance. Je l'écoutais, j'écrivais, il relisait, commentait, nous avancions dans le récit. Aujourd'hui, près de soixante ans se sont écoulés depuis sa bar mitzvah. De la traversée de sa vie, aux premiers bords si chaotiques, il ne donne ni carte, ni légende.

Pour lui, ces années-là n'apportent rien à notre récit. Pour ce qui nous anime, il les juge sans intérêt. Il pense que cela nous éloigne de notre objectif initial, celui de rendre hommage, avant tout, à Tante Cor, à Ome Leen, à Oom Marco…

Son malaise est visible, pourtant, quand il revient sur ces rives de l'âge adulte, particulièrement de 1968, l'année de son diplôme, à 1993, celle de son accident. Il évoque une période, puis une autre, le regard lointain, hésitant, changeant fréquemment de sujet, revenant au présent ou repartant vers le passé.

Dans ces moments-là, il ressemble à un homme qui marche pieds nus dans le lit caillouteux d'une rivière, évitant les épines, les galets instables, les bois brisés, les eaux stagnantes. Il s'égare parfois, retrouve le fil, puis se tait, dans un silence tourmenté.

Il m'a cependant donné quelques pièces d'un puzzle que je pensais pouvoir recomposer, repérant les lisières, cherchant à encastrer les formes de ces longues années qui l'ont conduit jusque dans ce village des bords de Loire. Mais encore maintenant, des pièces manquent, qu'il a laissées tomber en route et qui n'ont pas passé le seuil de la maison où il vit aujourd'hui.

Il y eut les quatre années en Angleterre, quand il partit, à l'âge de seize ans, étudier au Carmel College. C'était alors une nouvelle école qui venait d'être fondée par le rabbin Kopul Rosen et sa femme Bella en 1948, à Wallingford, dans le Kent. Puis il étudia au Jews' College, fort réputé alors, pour la grande qualité de son enseignement rabbinique.

Durant ces années anglaises, Tante Cor lui écrivait de longues lettres auxquelles il répondait. Ils se téléphonaient souvent. Elle apprit l'anglais, pour mieux parler à ses amis, qu'elle reçut souvent ensuite, aux Pays-Bas. Elle aimait apprendre, pour son propre plaisir, mais aussi pour être en communion avec lui.

Il y eut les années passées à Fribourg, à l'université. Son admiration pour James Smith, son professeur de littérature anglaise, qui lui communiqua l'amour des lettres. Avec lui, il se passionna pour les plus beaux textes, du huitième au dix-septième siècle, du poème épique de Beowulf, dont il travailla les traductions, aux œuvres de Shakespeare… C'est avec James Smith qu'il prépara plus tard sa thèse, sur Bernard Mandeville, auteur néerlandais du dix-huitième siècle, et son œuvre la plus connue, *La Fable des Abeilles*, à la croisée d'une recherche économique, philosophique et sociologique. Une thèse passionnante dans laquelle il s'immergea et qu'il regrette aujourd'hui de n'avoir pas achevée.

Tante Cor fit plusieurs fois le voyage en Suisse, comme une mère qui rend visite à son fils étudiant à l'étranger. Lui, rentrait quelquefois aux Pays-Bas, pour revoir ses parents, sa famille. Mais sa première visite était toujours pour elle, pour leurs rites, qu'ils retrouvaient sans y penser, le café à 10h 30, un nuage de lait, le scrabble, leurs bavardages.

Il y eut son premier voyage en Israël. En 1967. Au moment de la guerre des Six-Jours. Il vivait au kibboutz de Kfar Blum, en Haute Galilée, d'où il se rendait à Kyriat Shmona, dans la vallée de la Houla, au nord de la plaine du Jourdain. Il travaillait aux champs ou pêchait, en tirant des filets dans un élevage de carpes. Il était allé voir son cousin germain, Ami Wagner, le fils de la sœur de son père qui vivait à Haïfa. Il se rappelle qu'Ami avait téléphoné à ses parents à Amsterdam pour leur dire « Micha est venu me voir, il est là, avec moi ! ». Mais il n'était resté là-bas que quatre mois puis était rentré à Fribourg, passer ses examens. C'est là qu'il obtint son diplôme de littérature anglaise, de philologie et d'hébreu classique.

Il y eut son premier mariage, en 1970, avec Margareth, qui était catholique, avait déjà trois enfants quand il l'épousa et avec laquelle il eut aussi trois fils. Daniel, l'aîné, puis deux jumeaux, Ruben et Jochaï. Il faisait alors office de rabbin à la synagogue d'Arnhem. Il m'apprit qu'ensuite, Margareth avait voulu partir en Ardèche élever des chèvres. Il avait acheté une magnanerie et un temps, ils avaient élevé des vers à soie. C'était la mouvance d'après 68, quand des essaims de jeunes du nord de l'Europe s'installaient dans les moyennes montagnes dépeuplées du sud de la France, pour vivre de la terre, en communauté. Mais il n'était pas resté avec sa femme et ses enfants en Ardèche. Il était retourné en Israël.

Il y eut ensuite son divorce au milieu des années 70 et sa rencontre avec Yael, qui était juive, qu'il épousa en 1979 à la synagogue de Nice. Ils vécurent à Nice, à Londres, à Amsterdam, à Paris où Micha travaillait au MJLF, le mouvement des Juifs libéraux de France.

Il voyageait beaucoup, séjournait plus ou moins longtemps, pour des raisons personnelles, familiales, professionnelles, à Londres, Amsterdam, Francfort, Vienne, Nice, Angers, Paris, et en Israël où vivait son fils aîné, ainsi que de nombreux oncles et tantes.

Il y eut des lieux. Un, en particulier, dont il garde la nostalgie, un village des Corbières, en pays Cathare, où il se rendait, dans les années 1990, dans une maison de pierre, sauvage et rudimentaire havre de solitude et de liberté, où il aimait se réfugier.

Pour quelle raison ? Avec qui ? Pendant combien de temps ? Vaines questions. Inutiles, sans intérêt, hors sujet, estime-t-il. La reconstitution chronologique de ces vingt-cinq ans ne se fera pas. Pas encore, du moins.

Quelquefois, dans toute son attitude, dans ses regards, dans ses silences, une grande lassitude s'installe. Quelque chose qui voudrait dire : « Laisse-moi en paix avec ces années-là. Je n'en peux plus. Je ne veux plus y penser, j'aspire à autre chose, je suis presque heureux aujourd'hui ».

Seuls rescapés de ce désir d'oubli, de cette amnésie volontaire, seuls capables de redonner à son regard de la lumière, à son visage un sourire très doux, les enfants. Daniel, Ruben, Jochaï, David le fils de Yael, qu'il fit sien de toute évidence et qui porte aujourd'hui son nom ; Corélie, son unique fille, qui naquit à Amsterdam le 13 mai 1980 et Jonathan, qui naquit à Cagnes-sur-Mer le 21 mars 1985, le sixième et dernier de ses enfants. En tournant les pages du passé, il les amène toujours avec lui vers les pages suivantes.

C'est seulement en 1995 que Micha entreprit des démarches auprès de la Wet Uitkeringen Vervolgingsslachtoffers 1940-1945, en raccourci, la WUV, organisme auprès duquel il a fait reconnaître son passé d'enfant caché en vertu de la loi sur le versement de pensions aux victimes de persécutions des nazis.

À l'âge de 56 ans ! Poussé par Annie, une amie qui savait que des souvenirs lointains et douloureux vivaient en lui, emprisonnés, et que cette captivité entraînait des tourments intérieurs, une souffrance permanente, pour lui-même, pour ses proches. Elle avait compris que Micha gardait depuis toujours une blessure qu'il n'avait jamais essayé de panser, trouvant des postures dans la vie pour que la douleur ne soit pas trop pénible. Il lui arrivait, dans les moments de désarroi, de partir, sans prévenir, sans donner d'explication ; pour se murer dans le silence comme derrière un rempart, à l'abri des agressions des hommes, de leurs paroles, de leurs actes, de leurs reproches, de leur bruit. Le sommeil qui l'avait quitté ne revenait à lui qu'à l'aide d'expédients. Un sommeil habité d'un rêve, presque toujours le même : deux postiers en uniforme se tenant devant lui et ensuite le blanc, le vide… Avait-il le droit de parler, de se plaindre, lui qui avait eu tellement de chance, quand ses cousins et des millions de déportés avaient été assassinés ?

C'est seulement en 1995 qu'il fut accompagné par cette amie, pour entreprendre les démarches auprès de la WUV 1940-1945.

C'était l'année de la mort de sa mère. Hasard, coïncidence…

Sa disparition, peut-être, avait rendu les démarches relatives à cette période où il était caché, loin d'elle, par la force des choses, moins difficiles pour lui.

C'était deux ans après l'accident de 93. À Vienne… Dans la voiture, au moment du choc, il y avait Jonathan, alors âgé de neuf ans et Corélie qui avait treize ans. Heureusement, le destin les avait protégés.

À l'hôpital, Micha ne pouvait plus parler, ni voir, ni entendre. Il était tout près de la mort. À son réveil, quelques jours plus tard, il avait eu la sensation d'une profonde perte de mémoire. Mais petit à petit, il l'avait sentie revenir, se reconstruire, différente, ouverte sur d'anciens abîmes. Des détails, des lieux, des instants, des paroles qui l'avaient désertée depuis l'enfance étaient venus la repeupler.

Le choc avait-il ouvert des brèches, révélé des failles ? Il m'a très souvent répété que pour lui, après cet accident, la vie ne pouvait plus continuer comme avant.

Il accepta de se laisser guider vers la reconnaissance de sa souffrance. Le temps était venu pour lui de le faire. Il lui fallut rencontrer des gens, constituer un dossier, retrouver des dates, des noms, revenir sur les lieux avec un regard nouveau, reconstituer son passé, revivre son enfance.

C'est à ce moment-là, quand il put remonter à la source, qu'il comprit qu'il portait en lui les stigmates de la crainte et de l'abandon, et qu'il retrouva les cailloux blancs de son errance, de 1943 à 1946, de cachettes en cachettes, de peur en peur, jusqu'à son retour salvateur auprès de Tante Cor, dont la vie avait quelque temps reposé sur ses frêles épaules d'enfant de six ans !

Un peu plus tard, dans les années 2000, il tenta de raconter cela à ses enfants, pour laisser la trace de ce pan de mémoire qu'il ne voulait plus perdre.

C'est à ce moment-là aussi qu'il comprit que cet amour qui l'avait sauvé quand il était enfant, l'avait ensuite égaré, tant il l'avait cherché, espéré, guetté en vain... S'attachant, se détachant, s'attachant à nouveau, en quête d'impossible.

Dès l'aube de sa vie, il avait vécu le plus fort de l'amour, exclusif, unique et paradoxalement double. « J'ai eu deux mères, ma mère de sang et ma mère de guerre », avait dit Micha la première fois que nous l'avions rencontré, autour de la table ovale, dans la maison au bord de la Loire. « Les deux m'ont aimé, la première dans la culpabilité de l'abandon, la tristesse de la survivance, la seconde dans l'évidence de ce qui est juste et la force de ce qui est indissociable ».

Aujourd'hui, dans ce village, dans la maison qui ouvre sur le jardin en contrebas, le rabbin Michael Marcu Arjeh König vit seul. Alexandra, une jeune femme du pays, vient l'aider dans les tâches quotidiennes d'entretien de la maison ; le jeune chien Babeth a pris la place du chowchow et lance des jappements complices auxquels Micha répond dans un dialecte néerlando-yiddish qu'ils sont seuls à comprendre ; ses enfants lui rendent visite de temps en temps, lui téléphonent. Le dernier Ipad que Micha s'est offert comme une gourmandise les rapproche ; il espère rire plus souvent avec Mona, sa petite-fille, née en 2009. Quant à moi, je retourne souvent le voir, le dimanche ou le mercredi matin, de dix heures à midi, selon notre rituel. En semaine, il reçoit de nouveaux élèves. Théo, un jeune garçon de Chinon est venu pendant plus d'un an préparer sa bar mitzvah, accompagné de son père. Ensemble, ils apprennent à lire l'hébreu, à parler le yiddish, suivant les principes d'un judaïsme éclairé, que le rabbin Micha leur transmet, d'ardente mémoire.

« Je suis presque heureux aujourd'hui, dit-il. Je ne renaîtrai jamais vierge de mon destin. C'est lui qui m'a construit tel que je suis. Jusqu'à ma mort j'en resterai prisonnier. Je le sais. Mais il m'arrive d'être heureux, quand le ciel n'est pas trop nuageux et que je n'y distingue pas de formes menaçantes pourchassant des ombres revêtues de talith[16], qui fuient, éperdument. »

Bords de Loire,
novembre 2008 - novembre 2010

---

16 Châles de prière, carrés de lainage bordés de franges dont les Juifs pratiquants s'enveloppent pour la prière.

Remerciements

Catherine Korenbaum remercie Roland Korenbaum, pour son regard et sa mémoire à vif ; Daniel, Clément et Léo, pour leur tendre impatience.
Et aussi Véronique Roure et Luc Blanchard, pour leur complicité et leur soutien sans faille.
David König, pour sa bienveillance toute professionnelle, et son amitié.
Annie Buche, pour la finesse de ses conseils et suggestions.
Gertjan Dikken, du Nederlands Instituut voor Oorlogsdocumentatie[1] (Institut voor oorlogs holocaust and genocide studies) qui nous a chaleureusement remercié de lui avoir envoyé les manuscrits en français et en anglais.
Le Mémorial de Westerbork qui a retrouvé les dates de déportation et la destination de Jaap, Tonie, Bram et Arthur.
Et Alain le Boer, pour la traduction du discours de Tante Cor.

(1) Institut néerlandais de documentation sur la Guerre (Institut d'études sur l'holocauste et le génocide).

Micha König remercie du fond du cœur Catherine Korenbaum-Leberger, pour ce livre qui lui a redonné le goût et l'envie de parler et de rire avec les autres.

Il remercie tout particulièrement ses fils, David pour son implication dans ce travail et Jonathan qui, avec l'aide précieuse de Daniel Kloppenburg, l'un des neveux de Tante Cor, constitue un dossier dans le but d'inscrire Cornélia Kloppenburg et Leendert Mostard dans le Livre des Justes de Yad Vachem à Jérusalem.

Ce texte a été traduit en anglais par Aniela Hryniewicz.
Il a été relu dans sa version française par Didier Henry.

Bibliographie

Avant-propos par Philippe Noble du livre *Une vie bouleversée, suivi de Lettres de Westerbork* d'Etty Hillesum, Éditions du Seuil, 1995.

Vers la terre d'Israël, Anne Grynberg, Découvertes Gallimard, 2008.

L'histoire d'Eva, Eva Schloss, Le Cherche-Midi, 2009.

Les carnets d'Edith, Edith Velsmas, Phébus, 2003.

Je t'écris d'ici. D'Amsterdam aux camps de la mort, janvier 1943 à juillet 1944, Myriam Bolle, Denoël, 2006.

Palestine. Notes de voyage et correspondance 1927-1939, Janusz Korczac, Éditions Noir sur blanc, 2002.

La destruction des Juifs d'Europe, Raul Hilberg, Gallimard, Folio Histoire, 2006.

Et tant d'autres sources diffuses dont il reste toujours quelque chose (articles, documentaires, expositions, discussions…).

Déjà parus aux Éditions Studio graph

Le Prisonnier de la Dive
Gérard Blanchard, 2004

Hirondelles sur le web
Serge Abiteboul et Luc Blanchard, 2005

Brosses et Malais, quartier sensible ?
Luc Blanchard, 2006

Opération humide 1
Le squat de la rue des Caves
Luc Blanchard, 2009

Opération humide 2
Ni Dieu, ni maître
Luc Blanchard, 2010

Cet ouvrage est à commander sur
www.studiograph.net

Éditions Studio graph
2 rue du docteur Gabriel Ledermann
92310 Sèvres

Achevé d'imprimer en décembre 2011 par lulu.com
Dépôt légal : décembre 2011